꼬불꼬불나라의 기후이야기

에듀텔링 008

꼬불꼬불나라의 기후이야기

초판 1쇄 발행 | 2017년 4월 15일
초판 5쇄 발행 | 2023년 10월 14일

지은이 | 서해경
그린이 | 김용길
펴낸이 | 나힘찬

기획총괄 | 김영주
디자인총괄 | 고문화
사진출처 | 위키미디어 커먼즈
인쇄총괄 | 야진북스
유통총괄 | 북패스

펴낸곳 | 풀빛미디어
등록 | 1998년 1월 12일 제2021-000055호
주소 | (10411) 경기도 고양시 일산동구 정발산로 166번길 21-9
전화 | 031-903-0210
팩스 | 02-6455-2026
이메일 | sightman@naver.com

유튜브 | bit.ly/39lmTLT
블로그 | blog.naver.com/pulbitme
인스타그램 | @pulbitmedia_books
페이스북 | www.facebook.com/pulbitmedia

ISBN 978-89-6734-048-3 74300
ISBN 978-89-88135-74-7 (세트)

저작권법에 따라 보호받는 저작물이므로 무단 전재와 복제를 금합니다.
책값은 뒤표지에 있습니다.
파본은 구매하신 서점에서 바꾸어 드립니다.

「이 도서의 국립중앙도서관 출판예정도서목록(CIP)은 서지정보유통지원시스템 홈페이지(http://seoji. nl.go.kr)와 국가자료공동목록시스템(http://www.nl.go.kr/kolisnet)에서 이용하실 수 있습니다. (CIP제어번호: CIP2017008759)」

┌─ **어린이제품 안전특별법에 의한 기타표시사항** ─┐
| **제품명** 도서 | **제조자명** 풀빛미디어 | **제조년월** 2023년 10월 | **사용연령** 8세 이상 | **제조국명** 한국
| **주소** (10411) 경기도 고양시 일산동구 정발산로 166번길 21-9 | **전화번호** (031)733-0210

머리말

수염왕의 '꿈의 목록' 첫 번째는?

어느 먼 곳에 꼬불꼬불나라가 있어요. 팔자수염을 멋있게 기른 수염왕이 다스리던 나라예요. 그런데 수염왕은 제멋대로 나라를 다스리다, 국민에게 쫓겨나고 말았어요. 그 뒤, 수염왕은 많은 일을 겪었어요. 꼬불꼬불면을 만들어 팔아서 아주 큰 부자가 되었죠. 무지개 복지관에서는 개구쟁이 친구들과 함께 지내면서 다른 사람에게 '관심'을 가지면 행복해진다는 것도 깨달아요. 온난화 여사와 함께 환경을 보호하는 데 앞장서고, 행복의 꽃을 찾아 전국을 여행하기도 했지요. 원자력발전소 때문에 큰 어려움에 부닥치기도 했답니다.

열심히 살고, 그런 만큼 사고도 많이 일으키는 수염왕이만, 요즘은 하고 싶은 일이 없어서 지루하고 심심하다고 해요.

하지만 수염왕은 또다시 새로운 일을 벌이지요. 이번엔 '꿈의 목

록'을 만들고 실천하기로 해요. 수염왕의 꿈의 목록, 첫 번째는 '위대한 탐험가가 되는 것'이에요. 그래서 적도기념비가 있는 에콰도르를 시작으로 두메를 탐험합니다.

수염왕은 탐험을 하면서 궁금해져요.

"지구에는 74억 명이 넘는 사람이 산다고 하는데, 왜 어떤 곳은 사람이 거의 살지 않는 두메로 남아 있을까?"

궁금했던 수염왕이 두메 지역을 한 곳씩 탐험하면서 깨닫게 되지요.

우리의 생활은 자연환경의 영향을 많이 받아요. 바다 위에 둥둥 떠서 살 수 없고, 만년설이 쌓인 높은 산꼭대기에서도 살 수 없죠. 숨마저 얼어 버리는 극지방에서도 살 수 없어요. 이런 곳들은 사람이 살기에 적합하지 않은 곳이고, 그 이유는 바로 기후와 지형

인 거죠.

그중에서 지형은 『꼬불꼬불나라의 지리이야기』에서 함께 알아봤죠? 이번 『꼬불꼬불나라의 기후이야기』에서는, 수염왕과 함께 세계의 두메를 탐험하면서 기후에 대해 알아볼 거예요.

다양한 생명이 살고 있는 아마존을 탐험하며 열대 기후를 경험하고, 빙하와 매서운 추위에 떨며 한대 기후인 북극을 탐험하지요. 히말라야를 오르며 높이에 따라 기후가 바뀌는 고산 기후도 알게 돼요. 무엇보다 기후가 왜 중요한지를 알게 되지요. 기후에 따라 그곳에 사는 사람의 생활 모습이 달랐거든요. 음식, 옷, 사는 집이 다르고 무엇을 하며 사는지도 달랐어요. 만약 수염왕이 기후를 몰랐다면, 여러 기후 지역을 탐험하지 않았으면, 그곳에 사는 사람들의 생활도 이해할 수 없었을 거예요.

자, 이제 우리도 수염왕과 함께 두메 탐험을 시작해 봐요. 수염왕과 함께 탐험할수록, 세계의 기후를, 그곳에 사는 사람들을 저절로 이해하게 될 거예요.

서해경

목차

머리말 _ 수염왕의 '꿈의 목록' 첫 번째는? ... 4
등장인물 ... 10
프롤로그 ... 12

1/ 그래, 위대한 탐험가가 될 거야 ... 19
　-위도가 0인 곳(적도)

2/ 덥고 축축한 아마존 ... 39
　-열대 우림 기후(Af)

3/ 펭귄을 보러 북극으로? ... 61
　-한대 기후(E)

4/ 따뜻하고 건조한 곳으로 가자 ... 85
　-건조 기후(B)

5/ 아프리카의 초원, 사바나에 가다 　　　109
　　　－열대 사바나 기후(Am)

6/ 신들이 사는 곳, 히말라야를 오르다 　　　125
　　　－고산 기후(H)

7/ 시베리아 횡단 열차를 타고 　　　145
　　　－냉대 기후(D)

8/ 사람이 많이 많이 사는 곳 　　　167
　　　－온대 기후(C)

부록_이것만 알아도 기후 용어 끝 　　　186

등장인물

꼬불꼬불나라

❋ 먼 옛날, 또는 가까운 옛날에 있었던 어느 나라. 수염왕은 이 나라의 왕이었다. 국민이 수염왕을 내쫓고 이 나라에 큰 변화가 닥쳐온다.

수염왕

❋ 꼬불꼬불나라의 마지막 왕.
국민에게 쫓겨났지만,
'꼬불꼬불 면'을 팔아 큰 부자가 된다.
사고도 많이 저지르고
좋은 일도 많이 했는데,
요즘은 왠지 우울하다.
혹시 꿈이 없어서일까?
내 꿈은 뭘까?
혹시 세계적인 탐험가?

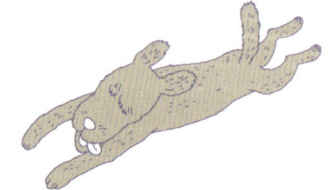

세바스찬

❋ 수염왕이 다리 밑에서 만난 늙은 개. 수염왕이 감옥에 갔을 때도, 사회봉사를하러 무지개 복지관에 갔을 때도, 이번에 탐험을 갔을 때도 의리 있게 수염왕을 기다린다.

조아웅

✤ 아마존 강에 사는 원주민 소년.
아마존에 온 관광객을 안내하며 산다.
관광객이 준 책을 보며
세계를 여행하는 꿈을 키운다.
수염왕의 관광 안내를 한 인연으로
수염왕과 함께 탐험을 시작한다.

가디언

✤ 북극에 사는 이누이트 족.
지구온난화로 빙하가 녹아서 사냥이
어려워졌지만, 마을 사람들과 함께
전통을 지키며 살고 있다.
북극에 도착한 수염왕을 도와주고,
고래 사냥에도 데리고 간다.

셰르파

✤ 이름은 모름. 히말라야를 찾는
사람들의 등산 안내인을 셰르파라 한다.
무뚝뚝한 성격이지만
히말라야 산맥을 사랑한다.
수염왕에게 오해를 사지만
수염왕을 도와준다.

프롤로그

12월의 마지막 날이었어.

"에, 에, 에, 에취."

수염왕이 재채기를 했어. 벌써 사흘째 독감에 걸려 고생이지. 머리는 뜨끈뜨끈하고 눈이 빠질 듯 아팠어. 콧물은 휴지를 틀어막아야 할 만큼 줄줄 흘렀지. 그나마 오늘은 감기가 조금 나은 듯해서 잠자리에서 일어난 참이야.

"크에엥."

옆에서 세바스찬도 재채기를 했어.

수염왕이 세바스찬을 내려다봤어. 코끝에 콧물이 떨어질 듯 말 듯, 대롱대롱 매달려 있었어. 수염왕은 휴지를 꺼내 세바스찬의 코를 닦아 주었어.

"또 우리 둘 다 감기에 걸리다니…. 수염왕 시리즈가 나올 때마

다 감기에 걸리는 것 같아. 도대체 몇 번이나 더 감기에 걸려야 하는 거야! 에잇, 1월부터 봄이면 좋잖아, 따뜻하고!"

수염왕이 올해 달력을 벽에 걸며 짜증을 냈어. 요즘 수염왕은 계속 짜증이 나고, 몸도 찌뿌듯해. 왕수염회사에서 직원들에게 잔소리하기도 싫고, 돈을 많이 벌어도 기쁘지 않아.

"다 귀찮아."

수염왕이 투덜거렸어. 그때 초인종이 울렸어. 집배원 아저씨였어.

"연하장인가 봅니다. 새해 복 많이 받으십시오."

집배원 아저씨가 수염왕에게 카드와 작은 소포 상자를 건넸어.

수염왕은 카드 봉투를 열었어.

무지개복지관 아이들이 직접 그린 카드가 나왔어. 알록달록한 색연필로 배가 불룩하게 나온 수염왕을 그렸어. 카드 속지에는 아이들을 대표해서 링고가 적은 인사가 있었어. 링고는, 수염왕이 사회봉사를 명령받고 복지관에서 일하는 동안 만난 아이야. 아빠가 붉은꽃나라 사람이라, 링고는 꼬불꼬불나라의 말을 잘못하고, 글은 전혀 읽고 쓸 줄 몰랐어. 그런데 지금은 학교에 다니면서 글을 읽고 쓸 줄 알게 되었나 봐. 비록 글자가 커서 한 줄에 여섯 글

자밖에 못 적지만. 링고의 삐뚤빼뚤한 글자를 보며 수염왕은 슬며시 미소를 지었어.

"고 조그만 링고가 이제는 카드에 글도 쓰고…. 기특하구나. 뭐, 내가 잘 가르친 덕분이긴 하지만 말이야. 크흐흐."

수염왕은 카드를 탁자 위에 올려 두고 이번에는 소포 상자

를 풀었어. 손으로 직접 뜬 하늘색 털장갑과 털모자가 들어 있었어. 그리고 조그맣게 접은 하얀 종이도 있었지.

수염왕은 그제야 소포 상자에 적힌 이름을 찾아봤어. 보낸 사람 이름을 적는 곳에 '고집쟁이 할멈'이라고 적혀 있었어. 이름을 보자, 수염왕은 고집쟁이 할머니의 모습이 떠올랐어. 막무가내로 수염왕에게 심부름을 시키던 모습, 외딴집에 혼자 남은 할머니의 모습이 떠올랐지. 할머니가 자신을 위해, 한 땀 한 땀 대바늘로 모자와 장갑을 뜨는 모습이 눈에 선했어. 수염왕은 조심스럽게 털모자를 썼어. 그리고 반듯하게 접힌 종이를 펼쳤지. 아무 무늬도 없는

종이에는 작은 글씨가 가득했어. 수염왕은 의자에 앉는 것도 잊고 글을 읽어 내려갔어.

수염왕, 잘 지내는가?
벌써 한 해가 지나고 새해가 시작되는군. 시간이 참 빨라. 그래도 예전처럼 심심하지는 않아. 수염왕에 덕분에 복지관 친구들이 생겼기 때문이지.

수염왕도 좋은 사람들을 만나기 바라. 그런데 집 안에 가만히 있으면 좋은 사람을 만날 기회도 없더라고. 열심히 사람들과 어울리고, 열심히 사람들을 사랑하며 살아.

오늘, 텔레비전을 켜 놓고 지난 한 해 동안 뭘 했나 곰곰이 되돌아봤어. 내가 텔레비전을 보지 않더라도 항상 켜 놓잖아. 그 소리라도 없으면 집이 너무 조용하니까 말이야. 아무튼, 곰곰이 생각하다 무심히 텔레비전을 봤는데, 얼룩말이 보이는 거야. 그 녀석들이 떼를 지어서 넓은 초원을 달리고 있더라고. 그 모습을 정말 넋을 잃고 봤어. 그때 깨달았지. 내가 후회하는 것이 하나 있다는 걸 말이야. 한 번도 내가 태어난 마을을 벗어나 여행을 다닌 적이 없다는 거야.

나는 눈앞을 가로막는 것이 하나도 없는 탁 트인 곳에 한번 가보고 싶어. 텔레비전에서만 봤어. 끝이 안 보이는 아프리카의 대초원을 달리는 얼룩말 무리, 아마존의 원시림, 눈 덮인 평야를 달리는 러시아의 기차, 나도 넓은 세상, 신기한 세상을 직접 봤으면 좋았을 텐데. 우리 꼬불꼬불나라도 참 좋기는 하지만, 어느 방향을 봐도 건물이나 낮은 산이 눈앞을 가로막잖아. "그래, 내가 너무 코앞의 생활에 쫓겨 살았네그려."라는 말이 저절로 나오더라고.

수염왕, 한 번 사는 인생. 돈만 벌지 말고, 후회 없이 재미나게 살아. 그게 부자 1등보다 더 좋은 거야.

내년에는 더 멋진 모습으로 만나자고.

추신: 하고 싶은 일들을 적고, 하나씩 실천하는 게 유행이래. 그걸 '꿈의 목록'이라고 한다지? 자네도 해 봐. 난 이미 시작했어.

수염왕은 고집쟁이 할머니의 편지를 다시 한 번 읽었어.

'정말 하고 싶은 일을 하며 살라는데, 나는 이미 엄청나게 성공

한 사람이잖아? 더 무슨 일을 하라는 걸까?'

수염왕은 고집쟁이 할머니의 글이 이해되지 않았어.

"세바스찬, 너는 하고 싶은 일이 뭐냐?"

수염왕의 말에 세바스찬이 콧물이 매달린 코를 두 앞다리에 묻고 누웠어.

"자는 거냐? 늘 자잖아?"

수염왕은 고개를 흔들었어.

"나는 무슨 일을 하고 싶어 할까? 음, 내가 하고 싶은 일은, 아냐, 어릴 적 내 꿈은… 내 꿈은… 뭐였지?"

수염왕은 생각이 나지 않았어. 꼬불꼬불나라의 왕자로 태어났으니 당연히 왕이 되는 것 말고는 될 수 있는 게 없었지.

"앗, 난 꿈이 없었구나!"

수염왕은 당황했어.

"꿈이 없었다니, 하고 싶은 일이 무엇인지 생각해 본 적도 없었다니…. 난 왜 사는 걸까? 혹시 꿈이 없어서 매일 우울했던 건 아닐까?"

1

그래, 위대한 탐험가가 될 거야

_ 위도가 0인 곳
 (적도)

고집쟁이 할머니의 편지를 든 채, 수염왕은 얼어붙었어.

"내 꿈은 뭘까? 온난화 여사의 사랑을 받는 거? 아냐, 그건 아냐. 아냐, 그게 맞아. 아냐, 그건 내 마음대로 할 수 없어. 뭘까? 내 꿈이 뭐지? 내가 정말 원하는 거… 꼭 하고 싶은 거?"

수염왕은 혼잣말을 계속했어. 그러다 갑자기 소리쳤어.

"그래, 떠나자! 내 생활을 벗어나 보는 거야."

수염왕은 하고 싶은 일을 결정하자, 기운이 솟았어. 의욕이 넘쳤지. 자기가 하고 싶은 일을 하는 건 정말 신나잖아?

수염왕은 어디로 떠날지 생각해 봤어. 그러다 깨달았지. 세계에 대해 아는 게 없으니 어디로 떠날지도 모르겠다는 거. 그래서 서점으로 달려갔어. 그리고 여행, 탐험, 세계의 자연환경과 기후 등에 관한 책을 닥치는 대로 읽었어. 세계는 넓고, 신기한 일이 가득

했지.

 책장을 넘길 때마다 수염왕은 가슴이 벌렁거렸어. 아, 이곳에 가고 싶다. 오~ 이렇게 신기한 일이? 엄마야, 지구에 이런 곳이 있다고? 오, 오, 오!

 수염왕은 열흘 동안 책을 보며 감탄사를 내뿜었어. 그리고 결정했어.

 "그래, 나는 최고의 탐험가만 발자국을 찍을 수 있는 곳, 두메의 공기를 마실 거야!"

 수염왕은 꿈의 목록을 적을 노란 수첩을 펴고, '떠나자' 옆에 이렇게 적었어. '최고의 탐험가, 수염왕'

 수염왕은 당장 이런저런 탐험 준비를 마쳤어. 『남들은 안 가는 두메 탐험』, 『찾아가기 엄청 힘든 곳』 등의 책을 읽고 갈 곳을 선택했지. 그리고 세계지도에 자신이 탐험할 곳을 표시했어. 물론 한두 곳을 빼고는, 사람들이 여행하기 어려운 두메들이었어.

 비서인 성실해에게 세바스찬을 잘 보살펴 달라고 부탁하고, 수염왕은 국세공항으로 향했어. 수염왕은 남아메리카의 에콰도르로 출발할 거야. 에콰도르에 지구의 중심, 적도 기념비가 있으니까.

 18시간 동안 비행기를 탄 수염왕은 허리가 끊어질 것 같고, 팔

자수염을 한 올 한 올 다 세어 보고 또 세어볼 만큼 심심했어. 색연필로 색칠 공부 책에 색칠하다, 기절하듯 잠에 빠지다 하며 그 시간을 보냈어. 하지만 에콰도르의 키토 국제공항에 첫발을 내디뎠을 때는 감동으로 가슴이 벌렁거렸지.

'도착이다.'

조금 전까지만 해도 지겹기만 했던 하늘인데, 막상 에콰도르에 도착해서 하늘을 보니 감동이 밀려왔어.

'무진장 뜨겁구먼!'

뜨거운 햇살에 놀라기도 했지.

수염왕은 동그란 선글라스를 쓰고

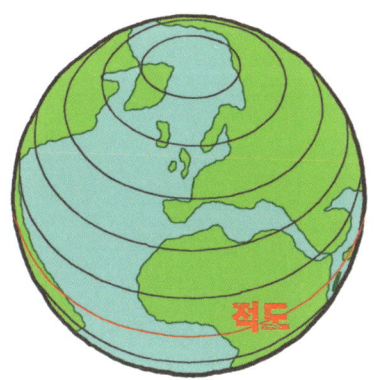

공항 근처에서 차를 빌렸어. 그리고 샌안토니오 마을을 향해 달렸어. 샌안토니오 마을에는 적도 기념비가 있거든. 수염왕은 적도 기념비에서 탐험을 시작하고 싶었어.

'내 위대한 탐험을 적도 기념비에서 시작하려는 이유는, 지구를 위아래 즉 남북으로 이등분했을 때, 정 가운데가 바로 적도이기 때문이야. 난 균형감 있는 남자니까. 크크크.'

수염왕이 입장료를 내고 들어가니 저 앞에 웅장한 적도 기념비가 서 있었어. 수염왕은 관광객들을 뚫고 달렸어. 얼른 적도 기념비를 보고, 적도 선을 밟고 싶었지. 사진도 멋지게 찍어서 온난화 여사에게 보내고 말이야.

수염왕은 기념비 앞에 있는 안내판 앞에서 사진을 찍었어. 그리고 뒤돌아 적도 기념비를 올려다봤어. 가까이에서 본 적도 기념비

에콰도르의 적도 기념비

는 그냥 비석이 아니라, 사람들이 그 안으로 들어가 도시를 관망할 수 있을 만큼 컸어. 수염왕은 기념비 안으로 들어가 꼭대기에 올라갔어. 구름이 손에 잡힐 듯, 낮게 떠 있는 파란 하늘 아래로 키토 시내가 한눈에 펼쳐졌어.

적도 기념비를 보고 나자 수염왕은 배가 고팠어. 얼른 시내 식당으로 달려가서 에콰도르의 대표적인 음식을 사 먹어야겠다 싶었지. 수염왕은 가방에서 여행 책을 꺼내, 에콰도르를 소개한 쪽을 펼쳤어.

"보자, 보자. 에콰도르, 대표적인 음식이…? 프리따다? 그래, 프리따다를 먹자."

무엇을 먹을지 정하자, 수염왕은 배가 더 고팠어. 음식점에 가려고 얼른 책을 덮으려는데 책 속의 사진이 눈길을 끌었어. 못 위에 달걀이 서 있는 사진이었어. 사진 밑에 설명을 읽어 보니, '적도 박물관, 달걀 세우기'라고 적혀 있었지.

'맞아, 난 달걀을 세워야 해. 그런데 이곳에는 달걀 세우는 곳이 없네?' 수염왕은 고개를 갸웃하며 책을 읽어 보았어. 그러다 '탁' 소리가 나게 책을 덮고는 어딘가로 달려갔어. 몇 분 뒤, 수염왕은 숨을 헐떡이며 '태양의 길'이란 박물관 문을 지나 안으로 달려 들어

가고 있었지.

수염왕은 적도 선이라 적힌 표지판 앞에 섰어. 적도 선: 00°00′00″이라 적혀 있었어[00°(도) 00′(분) 00″(초)]. 이곳이 진짜 위도가 0인 곳, 즉 정확한 적도 선이라는 표시였지.

"휴, 적도 기념비에 속을 뻔했네."

수염왕은 적도 선을 표시한 붉은 선 위에 살짝 올라섰어. 땅 위에 그려 놓은 아무렇지 않은 붉은 선이지만, 이곳이 지구의 진짜 중심이라고 생각하자 마음이 설렜어.

그런데 옆에서 사람들의 환호성이 들리는 거야. 키가 작은 수염왕은 환호하는 사람들 사이를 파고들어 갔어. 조금 전에 사진으로 본 '못 위에 서 있는 달걀'이 보였지. 그 옆에는 달걀을 세우는 데 성공한 여학생이 V자를 그리며 기념사진을 찍고 있었어.

"저거야, 달걀 세우기!"

에콰도르를 이번 탐험의 첫 여행지로 선택한 결정적 이유, 그건 바로 적도에서만 가능하다는 '못 위에 달걀 세우기'에 도전하기 위해서였거든. 수염왕은 두 손으로 달걀을 들고 돌비석에 박힌 못 위에 살짝 올려놨어. 이곳은 지구의 중심이라서, 중력이 정확하게 수직으로 아래로 향해. 그래서 달걀 속 노른자가 달걀 한가운데에

적도에서만 가능한 못 위에 달걀 세우기

떠 있게 되고, 쪼끄만 못 위에서도 달걀이 넘어지지 않고 중심을 잡을 수 있대.

수염왕은 꿀꺽 침을 삼키고, 못 위에 올린 달걀을 잡은 손을 살짝 떼었어.

"오오오오~."

감탄사가 저절로 나왔어.

'달걀이 서 있다, 못 위에! 오! 역시, 나란 사람은… 대단…. 크윽!'

수염왕이 자신에게 감탄하고 있는데, 옆에서 또 환호성이 들리는 거야. 슬쩍 보니, 역시나 붉은 적도 선 위에 사람들이 모여 있었어. 수염왕은 얼른 그 사람들 속으로 또 파고들어 갔어.

적도 선 위에 네모난 설거지통이 놓여 있었어. 뭔가 싶어서 자세히 보니, 설거지통 안에 물이 담겨 있고 물 위에는 작은 나뭇잎들 동동 떠 있는 거야. 관광 안내인처럼 보이는 여자가 설거지통 밑에 있는 구멍을 열자, 물과 나뭇잎들이 구멍 아래로 곧장 빠져 내려갔어.

"오오오오오! 그래, 이건 내가『꼬불꼬불나라의 지리이야기』에서 배운 거야. 오~ 이런 신기한 일을, 아니 이런 과학적인 현상을 눈으로 직접 보다니…."

책에서만 보던 지식을 직접 눈으로 확인하니, 수염왕은 가슴이 두근거렸어.

이번에는 관광 안내인이 설거지통을 적도 선 북쪽으로 조금 옮겨서 같은 실험을 했어. 그러자 적도 선에선 곧장 수직으로 내려갔던 물과 나뭇잎이, 북쪽에선 시곗바늘이 도는 것과 반대 방향으

로 빙글빙글 돌며 밑으로 빠져 내려갔어. 이번에는 다시, 적도 선 남쪽으로 옮겨서 물을 뺐어. 그러자 북쪽과 달리, 시곗바늘이 도는 방향으로 빙글빙글 돌며 물과 나뭇잎들이 빠져 내려갔지. 겨우

한두 걸음 차이인데, 적도 선을 기준으로 남쪽과 북쪽은 이렇게 달랐던 거야. 수염왕이 두근거리는 가슴을 진정하고 있는데 또다시 함성이 들렸어. 이번에는 눈을 감고 적도 선 위를 걷는 사람들이 보였지.

양팔을 벌리고 눈을 감고 똑바로 적도 선 위를 걷는 거야. 저런 쉬운 거로 웬 소란이람. 못 위에 달걀을 세운 나도 있는데…. 수염왕은 혀를 차며, 양팔을 벌린 채 눈을 감고 걸어 봤어. 일직선으로 똑바로 걸을 수 있었지.

이번에는 붉은 적도 선 위를 걸었어.

'어랏! 이게 아닌데…!'

수염왕은 몇 걸음도 똑바로 걷지 못하고 자꾸만 옆으로 비틀거렸어.

'내가 왜 이러지? 너무 피곤한 건가? 대체 내가 왜 비틀거리느냐고?'

수염왕은 두 눈을 부릅뜨고 양손으로 뺨을 찰싹 때려서 정신을 집중했어. 깊이 숨을 들이마신 뒤, 수염왕은 천천히 두 눈을 감았어. 그리고 천천히 한 걸음 한 걸음 신중하게 발을 디뎠어. 열 걸음을 걸은 뒤, 수염왕은 눈을 떴어.

"어머나!"

수염왕은 적도 선을 한참 벗어나 원주민 탈을 쓴 꼬마 앞에 서 있었어. 그 꼬마가 수염왕에게서 한참 떨어진 적도 선을 가리키며 "풋!" 하고 웃었지.

수염왕은 다시 적도 선 위에서 눈을 감고 선을 따라 걸었어. 하지만 몇 번을 해도, 매번 선 위를 벗어나 엉뚱한 곳에 서 있는 거야.

"포기!"

수염왕은 두 손을 들고 선언했어.

그래, 못하는 건, 아니 할 수 없는 건 포기하자. 그게 멋진 거야! 수염왕은 선글라스를 고쳐 쓰고 프리따다를 먹을 식당을 향해 척척 걸어갔어.

> 수염왕이 최고의 탐험가가 되겠다는 꿈을 안고 두메
> 탐험을 시작했어요. 그런데 두메란 어떤 곳인가요?
> 그리고 탐험을 왜 에콰도르의 키토에서 시작한 걸까요?

수염왕이 정말 하고 싶은 일들을 적은 꿈의 목록, 그 첫 번째가 최고의 탐험가가 되겠다는 것이지? 두메 탐험을 하는 탐험가! 두메는 사람이 많이 살지 않는, 도시에서 멀리 떨어진 곳을 말해. '오지'라고도 하지.

지구에는 7,468,064,639명이 살고 있어(2016년 12월 기준). 전문가들은 지구에 너무 많은 사람이 살고 있다고 해. 그 말을 거꾸로 하면, 현재 세계 인구가 살기에는 지구가 좁다는 말도 되지. 그런데도 어떤 땅은 사람이 거의 살지 않거나 아무도 살지 않는 두메로 남아 있어. 이상하지 않아? 사람이 살기에 지구는 좁은데, 왜 두메가 있는 걸까? 그건 사람이 사는 데는 자연환경이 아주 중요한데, 두메는 사람이 살기 적합하지 않은 자연환경이기 때문이야.

자연환경은 기후와 지형 등을 말해. 이 중 『꼬불꼬불나라의 기후이야기』에서는 우리가 사는 지구의 기후를 알아볼 거야.

자, 다시 수염왕이 왜 키토에서 탐험을 시작했는지의 문제로 돌아가 보자. 수염왕이 탐험할 두메는, 앞의 이야기대로라면, 기후와 지형 등의 자연환경이 사람이 살기 적합하지 않은 곳이잖아. 그런데 세계의 기후는 적도를 중심으로, 북쪽(북반구)과 남쪽(남반구)이 대칭으로 나타나거든. 그래서 수염왕은 기후의 중심선이 되는 적도(키토의 적도 선)에서 탐험을 시작하고 싶었던 것 아닐까?

에콰도르의 수도 키토의 위치

에콰도르의 위치

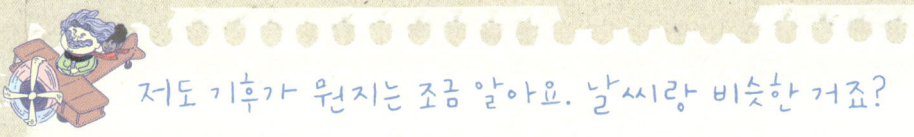
저도 기후가 뭔지는 조금 알아요. 날씨랑 비슷한 거죠?

맞아. 기후는 날씨와 비슷해. 하지만 다르기도 하지. 기후는 한 지역에 여러 해 동안 나타나는 날씨의 특징이야. '오늘의 날씨, 내일의 날씨'라는 말은 하지만, '오늘의 기후, 내일의 기후'라고는 하지 않지? 날씨는 짧은 시간 동안의 대기의 상태를 말하지만, 기후는 보통 1년 동안 지역에 반복되는 날씨를 말하거든. 그래서 '한국의 기후'라고 하면, 보통 1년을 단위로, 한국 날씨가 어떻게 계속 반복되는지를 말하는 거야.

하지만 기후도 날씨처럼, 기온과 바람, 강수량 등이 얼마나 되는지를 나타내. 친구도 이미 알겠지만, 기온은 땅바닥에서 내가 서 있는 곳 사이에 있는 공기의 온도야. 보통 바닥~1.5m 정도 높이를 말하지. 하지만 내가 서 있는 바닥에서 수직으로 쭉 올라간, 높은 공중의 온도는 기온이라고 하지 않아.

바람은 공기가 움직이는 거야. 공기가 빠르게 움직이는 것을 "바람이 세다."라고 하지. 또 강수량이란, 어떤 곳에 일정 기간 내린 물(비, 눈, 우박, 안개 등)을 모두 합친 양이야.

그런데 세계의 기후는 서로 어떻게 다를까? 무엇을 보고 "이 지역과 저 지역은 기후가 다르다."라고 말할 수 있을까? 쾨펜이라는 기후학자는 그 지역에 자라는 식생(식물의 집단)을 기준으로 기후를 나눴어. 쉽게 말하면, 기온과 강수량에 따라, 서로 다른 종류의 나무와 풀 등이 자라는데, 그것을 기준으로 기후를 나눈 거야. 쾨펜은 세계의 기후를 열대 기후(A), 건조 기후(B), 온대 기후(C), 냉대 기후(D), 한대 기후(E) 이렇게 5개로 나누었어. 여기에 고산 기후(H)를 더해서, 지금은 세계의 기후를 6개 기후대로 나누지. 각 기후의 특징이 무엇인지는 앞으로 하나씩 알아볼 거야.

수염왕의 기후 노트

기후는 일정한 지역에서 오랫동안 나타나는 기온, 강수량, 바람 등의 대기 상태를 말한다.

세계의 기후는, 식생을 결정하는 기온과 강수량을 중심으로 6개로 나뉜다. 기후에 따라, 그 지역에 사는 동식물의 종류가 다르고, 사람의 생활 모습도 달라진다.

(알고 보니, 적도 선이 지나가는 나라는 에콰도르뿐 아니라 우간다, 가봉 등 14개 나라나 되더라고, 쳇!)

쾨펜의 기후 구분 지도

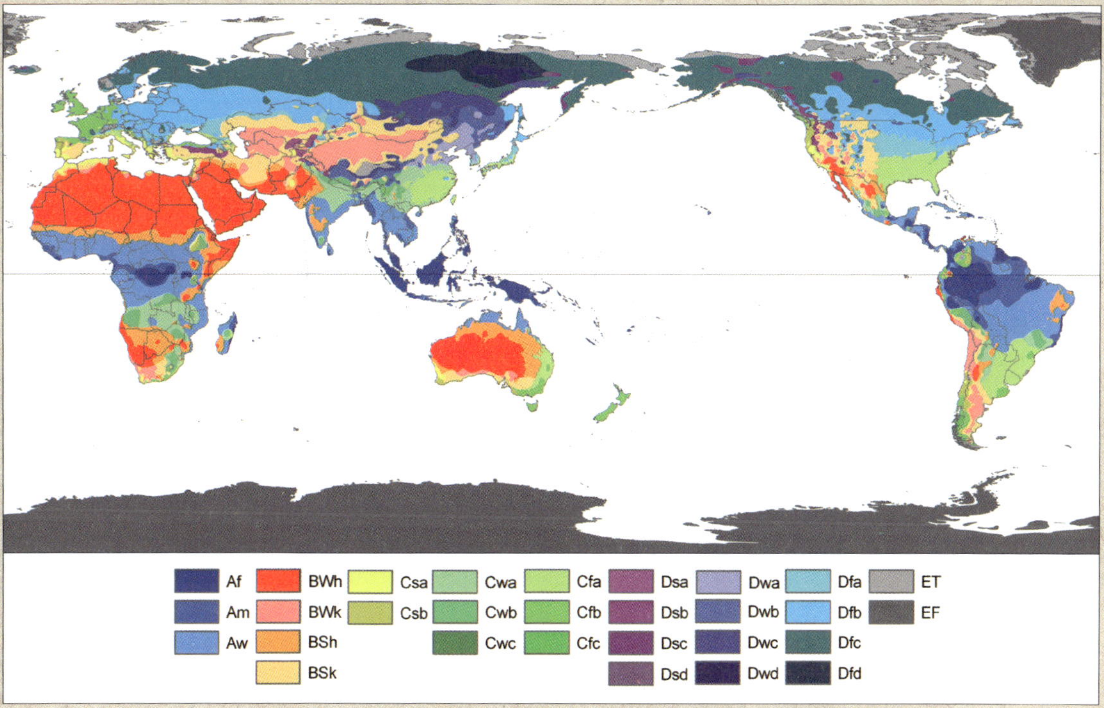

	나무가 자라는 기후			나무가 못 자라는 기후	
1차 구분	구분 기준: 기온			구분 기준: 기온, 강수량	
	열대 기후	온대 기후	냉대 기후	한대 기후	건조 기후
2차 구분	구분 기준: 강수의 계절적 분포			구분 기준: 자라는 식생의 유형과 지표 상태	
	열대 우림 기후 열대 초원 기후 열대 계절풍 기후	온대 습윤 기후 지중해 기후 온대 겨울 건조 기후	냉대 습윤 기후 냉대 겨울 건조 기후	툰드라 기후 빙설 기후	건조 초원 기후 사막 기후

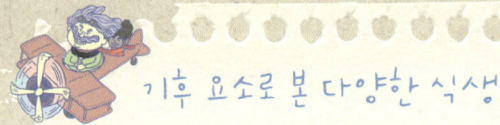
기후 요소로 본 다양한 식생

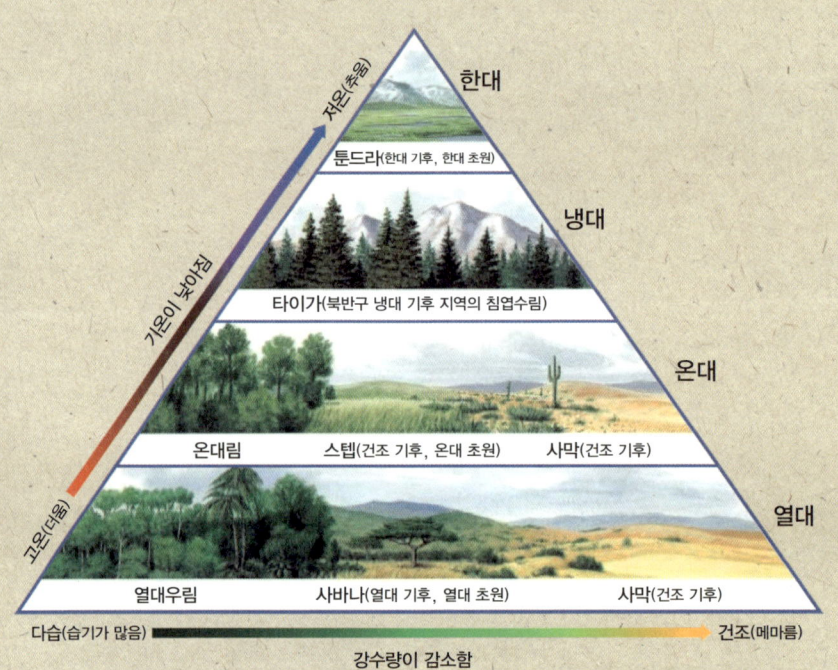

2

덥고 축축한 아마존

_열대 우림 기후 (Af)

 이틀 뒤, 수염왕은 나포 강 선착장에서 고집쟁이 할머니의 편지를 다시 꺼내 읽고 있었어. 탐험을 다 마친 뒤, 고집쟁이 할머니에게 아마존 탐험기를 재밌게 들려줄 생각이지. 그런데 그사이, 수염왕이 타야 할 배는 저 멀리 나포 강을 가르며 아마존으로 출발해 버렸지 뭐야.
 "아이쿠! 잠깐! 기다려, 나도 태워야지?"
 수염왕이 모자를 벗어 흔들었지만 배는 점점 더 멀어졌어. 그때 수염왕의 커다란 여행 가방 손잡이를 잡는 손이 있었어. '엥?' 수염왕이 옆을 보자, 열대여섯 살 정도로 보이는 남자아이가 하얀 이를 드러내며 싱긋 웃었어.
 "내가 배를 놓쳤다고, 가방 손잡이까지 놓칠 것 같으냐?"
 수염왕이 버럭 소리를 지르며, 가방 손잡이를 잡은 아이의 손을 뿌리치려고 했어. 하지만 아이는 수염왕의 가방을 빼앗듯 낚아채서는 척척 걸어가는 거야. 얼씨구? 너무도 당당한 아이의 행동에 수염왕은 자기도 모르게 그 아이를 따라가고 있었어.

"아마존에 들어가시는 거죠? 자, 이 배를 타세요. 제가 안내하겠습니다. 오직 손님 한 분만을 위해서요."

아이는 다시 하얀 이를 드러내며 선착장 구석에 떠 있는 배를 가리켰어. 어른 서너 명이 타면 꽉 찰 것 같은 작은 카누가 물살에 출렁이고 있었어.

"저는 조아웅이에요. 조아웅은 오랫동안 아마존 관광 안내를 했어요."

조아웅은 카누에 수염왕의 여행 가방을 옮긴 뒤, 수염왕에게 손을 내밀었어. 수염왕은 귀신에 홀린 듯, 조아웅의 손을 맞잡고는, 쪼끄만 카누에 앉아 나포 강을 따라 아마존으로 향했어.

카누는 작고 낡았지만, 다행히 모터가 달려서 꽤 빠르게 달렸어. 하지만 튼튼하지는 않았지. 조아웅은 연신, 카누 안으로 스며드는 강물을 퍼내고 있거든.

"안내원, 아니, 조아웅 선생님! 혹시, 구명조끼, 같은 건 없나요? 꼭 입어야 할 것 같은데…."

나포 강(아마존 강의 지류. 에콰도르 아마존 지역을 가로지르는 강)

수염왕이 카누 안으로 새어 들어오는 강물을 보며 걱정스럽게 물었어. 아마존 밀림을 코앞에 두고, 이 누런 나포 강에 빠져 죽을 수는 없잖아.

"손님, 구명조끼가 뭐예요?"

조아웅이 하얀 이를 다 드러내며 활짝 웃었어. 수염왕은 온몸에 소름이 돋고 털이 서서히 위로 치솟는 걸 느꼈어. 왠지 조아웅의 번쩍이는 하얀 이도 무섭게 느껴졌지.

머리를 마구 흔들어 정신을 차린 뒤, 수염왕은 모자를 벗어 배

안에 고인 물을 퍼내기 시작했어. 그런데 쿠구궁 하는 고막을 터뜨릴 듯 요란한 천둥소리와 함께 억수같이 비가 쏟아지는 거야. 맞은편 강변에는 비는커녕 햇볕이 쨍쨍 내리쬐는데 말이야.

"스콜이에요. 여긴 하루에도 몇 번씩 스콜이 오죠. 열대 우림 기후잖아요."

수염왕은 조아웅의 말은 듣는 둥 마는 둥, 얼른 우비를 꺼내 입었어. 물론 스콜 때문에 카누에 고인 물은 더 많아졌고, 그만큼 더 빨리 배 안의 물을 퍼내야 했지.

"자, 도착했습니다."

조아웅이 강변으로 뛰어내려 옆에 선 나무에 카누 줄을 단단히 묶었어. 드디어 아마존 밀림에 도착한 거야.

조아웅은 수염왕의 커다란 여행 가방과 그보다 훨씬 더 큰 자기 배낭을 짊어지고서도 날듯이 가볍게 걸었어. 그 뒤를 수염왕이 장화를 신고 따라갔어.

아마존 밀림은 어두웠어. 둘레가 10m는 될 것 같은 거대한 나무들에서 뻗은 나뭇가지와 잎들이 하늘을 가리고, 그 나무 아래에는 조금 더 작은 나무들이 최대로 가지를 뻗어 자라고 있었어. 그 아래는 덩굴식물과 키 큰 풀이 자라서 햇빛이 숲 바닥까지 닿지 않

았지. 수염왕은 두꺼운 녹색 천막 아래를 걷는 기분이었어. 그런데 나뭇잎은 하늘만 가린 게 아니었어. 걸음을 걷기도 힘들 만큼 사방에 나무와 풀이 빽빽하게 자리 잡고 있었지. 조아웅은 긴 칼로 앞을 가로막는 나뭇가지를 쳐내며 길을 만들어 갔어.

수염왕은 열심히 조아웅을 따라갔지만, 점점 뒤처졌어. 원래 열대 우림의 바닥은 축축하고 미끄러운데, 조금 전에 스콜까지 내렸으니 눈길처럼 미끄러웠지.

"아이쿠!" 수염왕은 네 번째 미끄러지며 비명을 지르다가, 다시 "앗, 따가워!"로 비명이 바뀌더니, 또다시 "으아아악!"으로 변했다가 곧, "조아웅, 살려 줘!"라고 소리쳤어. 질척한 길을 힘겹게 걷는데 손바닥만 한 부엉이나비가 수염왕 얼굴에 내려앉았어. 나비가 앞을 가리자, 수염왕이 나비를 쫓으려고 허둥대다 그만 엉덩방아를 찧었고, 바닥에서 일어서려고 옆에 있는 나뭇가지를 붙잡았는데 그게 하필 손가락 마디만 한 가시가 달린 나무였고, 너무 아파서 비명을 지르며 다시 뒤로 넘어졌는데, 그곳에는 어마어마한 아나콘다가 머리를 스르륵 들며 수염왕을 노려보고 있었던 거지.

조아웅은 얼어 버린 수염왕을 앉은 자세 그대로 들어서 약 10m를 옮겼어.

"손님, 진정해요. 물 줄까요?"

조아웅이 칼로 덩굴 가지를 잘라 수염왕에게 건넸어. 신기하게도 잘린 나뭇가지에서 주르륵 시원한 물이 흘러나왔어. 얼었던 수염왕도, 수염왕을 들어 옮기느라 힘들었던 조아웅도 시원한 물을 마시며 쉬었지.

덩굴 가지에서 흘러나온 물을 마시다 말고, 수염왕이 물었어.

"이렇게 나뭇가지를 쳐 내도 될까? 나무를 보호해야 하는데."

"아마존의 나무는 생명력이 강해서 금방 다시 자라요. 이 가지는 이렇게, 바닥에 꽂아 두면 곧 뿌리를 내려서 새로운 나무로 자라죠."

"오, 진짜? 대단한데?"

수염왕과 조아웅은 다시 목적지를 향해 걸었어. 두 시간쯤 더 걷자, 앞이 탁 트인 공간이 나타났어. 낡은 오두막집이 서 있었지. 원주민이 살다가 떠나서 빈집이라고 했어. 조아웅은 배낭에서 해먹을 꺼내 오두막 기둥과 창틀에 묶었어. 그리고 나뭇가지를 모아 마당에 장작불을 피운 뒤, 배낭에서 꺼낸 닭을 길고 날카로운 가지에 꿰어 장작불에 구웠어. 장작불 밑으로는 길쭉한 뿌리 열매를 밀어 넣었지. 금세 고소한 냄새를 풍기며 노릇노릇 닭이 익

었어.

수염왕은 커다란 나뭇잎을 꺾어서 방석처럼 깔고 앉아서 조아옹이 주는 음식을 먹었어. 닭 바비큐는 눈물이 똑 떨어질 만큼 고소했어.

"이건 뭐야? 고구마랑 감자, 밤을 함께 먹는 맛인데?"

수염왕이 구운 뿌리 열매를 삼키며 물었어.

"만디오카라는 식물의 뿌리예요. 카사바라고도 하는데, 이곳 사람들이 농사를 지어요."

"이렇게 나무가 빽빽하게 자라고 덥고 비도 많이 오는 곳에서 어떻게 농사를 짓지?"

"나무를 베고 숲을 태워서 농경지를 만드는 거예요. 만디오카는 줄기를 대충 꽂아만 둬도 몇 달 뒤에 팔뚝만 한 뿌리 열매가 자라요. 이 오두막 주인도 그렇게 만디오카 농사를 짓다가 흙의 영양분이 다 없어지자 다른 곳으로 이사했죠."

"숲을 태우다니…. 그래서 아마존이 파괴되는 거군. 뭐, 다른 이유도 있…. 아, 지금 뭐하는 거야, 쓰레기를 땅에 그냥 버리다니?"

조아옹이 닭뼈와 만디오카 껍질 등을 바닥에 버리자, 수염왕

48

만디오카 수확 모습

은 깜짝 놀랐어. 꼬불꼬불나라에서 환경 운동까지 했던 수염왕이잖아.

"이곳은 열대 우림이잖아요. 이런 음식물 쓰레기는 저절로 사라진다고요. 걱정하지 마세요."

조아웅은 웃으며 젖은 옷을 장작불에 말렸어. 수염왕도 갈아입은 옷을 말렸지. 아마존은 습도가 높은 열대 우림 기후라 사방에 이슬이 맺혀 있어. 기온이 높으니 땀도 나고, 사방에는 이슬이 가득하고… 물인지 땀인지 모르지만 온통 젖어 버리고 말지.

조아웅이 오두막 한구석에서 쉬고 있던 뱀 2마리를 막대기로 쫓아내자, 수염왕은 해먹에 누웠어. 집이라고는 해도 창문에 유리창 대신 찢어진 방충망만 덜렁 붙어 있어서, 바람이 솔솔 들어왔어. 바람과 함께 벌레, 동물 들의 울음소리도 들려왔지. 오두막 안은 손바닥만 한 메뚜기와 여치, 도마뱀, 모기와 이름 모를 나방 들도 있었어. 벌레라면 끔찍이 싫어하는 수염왕이지만, 곤충이 가득한 밀림, 곤충의 마을에 들어온 것은 자신이니까 그냥 견디기로 했지. 하지만 수염왕의 피 맛을 보겠다며 몰려드는 모기까지 받아들일 생각은 없었어. 그래서 꼼꼼하게 해먹 위로 모기장을 쳤어.

수염왕이 엉덩이를 좌우로 흔들자, 해먹이 그네처럼 흔들렸어. 수염왕은 피곤하고 배도 불러서 잠이 솔솔 왔어.

"넌 언제부터 이 일을 했느냐?"

"우리 마을에 온 관광객이 책을 줬어요. 그 책 속에는 신기한 세상이 정말 많았어요. 조아웅은 아마존에서 수많은 동물을 보지만, 그래도 얼음 위에 산다는 황제펭귄을 꼭 보고 싶어요. 추운 게 어떤 건지도 알고 싶고. 정말, 춥다는 건 어떤 느낌일까요?"

"추운 거? 음, 추운 거는 추운 거지."

조아웅의 말에 수염왕은 뭐라고 대답해야 할지 몰랐어. 춥다,

덥다고 느끼는 건 너무 자연스러운 거라서 이런 질문은 생각조차 해 본 적이 없었거든.

"조아웅은 돈을 벌고 싶어요. 돈 모아서 세계 여행할 거예요. 조아웅, 꿈이에요."

조아웅이 하얀 이를 드러내며 환하게 웃었어. 수염왕도 덩달아 함께 웃었지. 꿈이 있는 사람을 만나는 것은 언제라도 기분 좋은 일이니까 말이야.

다음 날, 끼야악 꺅꺅 하는 원숭이의 날카로운 울음소리에 수염왕이 깼어. 조아웅은 벌써 일어나 아침을 준비하고 있었어. 수염왕이 오두막을 나오자, 조아웅이 프라이팬에 구운 생선에 라임을 뿌리고, 과일과 채소 샐러드와 함께 접시에 담아 건넸어.

"이 생선은 크기는 손바닥만 한데, 이빨이 무섭도록 튼튼하구먼."

수염왕이 두 마리째 생선구이를 입에 넣으며 말했어.

"피라냐예요. 조아웅이 잡아 왔어요."

수염왕은 생선을 씹다가 멈칫했어. 아무리 큰 동물도 순식간에 먹어 치운다는 피라냐, 그 무서운 피라냐를 먹고 있다니…. 하지

피라냐 요리

만 곧 수염왕은 다시 먹었어. 아마존 강물 속에 사는 피라냐는 무섭지만, 접시 위에 담긴 피라냐 구이는 닭고기 맛이 나는 맛난 요리였을 뿐이니까.

　피라냐 구이를 **뼈**만 남기고 싹 발라먹은 뒤, 수염왕은 벌떡 일어나 외쳤어.

　"좋아! 나는 덥고 축축한 날씨에 **빽빽**한 열대 우림 속에서 헤맸어. 거대한 아나콘다도 만났고, 엄청난 모기떼에 헌혈도 했지. 지금 식인 물고기 피라냐까지 먹었으니 아마존은 충분히 정복했어! 자, 이제 다음 탐험을 찾아 출발!"

> 아마존은 다양한 나무와 풀이 자라고, 동물의 종류도 아주 많은 곳이죠? 아마존은 어떤 기후이기에 이렇게 다양한 동식물이 사는 건가요?

적도 주변, 즉 위도가 낮은 곳은 태양빛을 가장 많이 받아서, 제일 더운 지역이지. 이런 지역의 기후를 열대 기후라고 해. 열대 기후는 1년 내내 기온이 18℃보다 높은 지역이야. 다시 말하면 가장 추운 달의 평균기온이 18℃ 이상인 곳이지. 열대 기후는 다시, 열대 우림, 사바나, 열대 몬순 기후로 나뉘어.

아마존은 열대 우림 기후야. 열대 우림 기후는 봄, 여름, 가을, 겨울 같은 계절의 변화는커녕, 하루하루 날씨도 거의 비슷하지. 또 강수량도 1년에 2,000㎜보다 많이 내려. 기온이 높은 곳이기 때문에 눈이나 우박 대신 비가 오는데, 하루에도 몇 번씩 엄청난 열대성 소나기, 즉 스콜이 쏟아져.

열대 우림 기후 지역은 이름 그대로, 1년 내내 잎이 넓적한 활엽수가 울창하게 자라. 키가 큰 나무가 하늘을 가릴 정도로 무성하고 그 아래 조금 더 키가 작은 나무가, 또 그 아래에 덩굴식물과 긴 풀이 자라지. 그래서 숲에 들어가면 무성한 나뭇잎에 가려서 하늘이 보이지 않을 정도야.

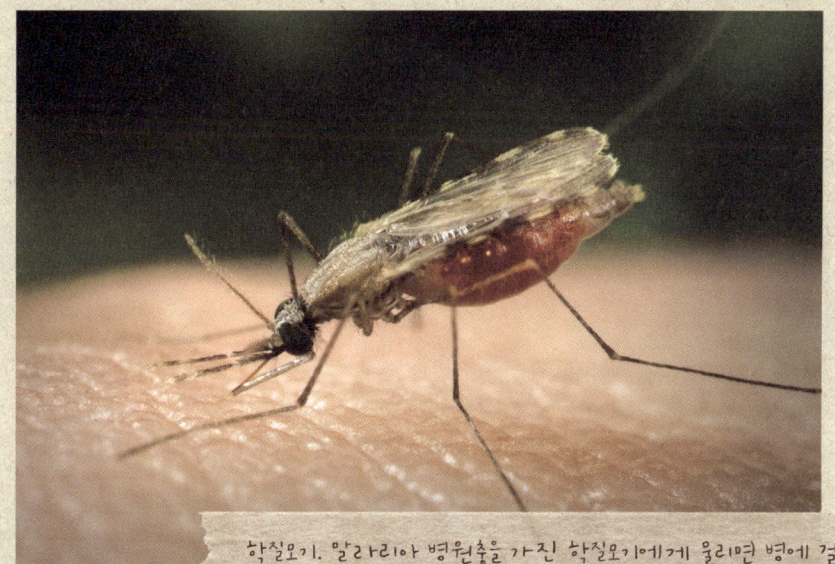

학질모기. 말라리아 병원충을 가진 학질모기에게 물리면 병에 걸린다. 말라리아는 매년 2억~3억 명이 감염되고 수백만 명이 죽는 위험한 질병. 학질모기는 꼬리 끝을 올리고 앉아 일반 모기와 구별이 쉽다.

식물뿐 아니라, 동물도 다양하게 살고 있어. 지구에 사는 생물의 절반이 아마존에 산다고 해. 새 1,500여 종·곤충 8,000여 종을 비롯한 동식물이 100만 종이나 살고 있다고 해. 하지만 아마존에 어떤 생물이 사는지 다 밝혀지지 않았기 때문에 수는 더 늘어날 수도 있어. 아마존은 생물의 보물 창고인 셈이지.

이렇게 다양한 생물이 많이 사는 곳이니, 땅도 굉장히 영양가가 많은 기름진 토양일 것 같지? 그런데 아마존을 비롯한 열대 우림 기후 지역은 하루에도 몇 번씩 폭우가 쏟아져서 땅속 영양분이 비에 다 쓸려 내려가. 그리고 비가 온 뒤에는 강한 햇볕이 내리쬐어, 땅이 단단하게 굳어 버리지. "비 온 뒤에 땅이 단단해진다."라는 말도 있잖아. 또 이미 단단해진 땅에 다시 비가 오면, 그 비는 단단한 땅속으로 스며들지 못하고 땅 위를 흘러서 강으로 들어가 버려.

결국 열대 우림 기후 지역의 땅은 농사를 짓기 어려운 땅이 되지. 게다가 열대 우림 지역에는 사람이 살기에는 너무 덥고, 습해. 말라리아나 풍토병 등에 걸릴 위험도 크지. 그래서 지금도 열대 우림 기후에는 사람이 많이 살지 않아.

아마존은 산소를 가장 많이 만들어 내는 '지구의 허파'잖아요. 그러니 더욱 자연환경을 보호해야 하는 것 아닌가요? 그런데 조아웅은 왜 음식물 쓰레기를 바닥에 버리면서, 괜찮다고 하는지 모르겠어요.

아마존 강은 세계에서 가장 긴 강이야. 약 7,062km나 되지. 그동안 나일 강이 가장 긴 강이라 알려졌는데, 2008년 리마 지리 학회에서 아마존 강이 세계에서 가장 길고 큰 강이라고 발표했어. 그리고 위에서 알아본 것처럼, 아마존은 세계에서, 다양한 생물이 가장 많이 사는 곳이기도 하지.

아마존 강

친구가 잘 지적한 대로, 조아웅은 먹고 남은 음식물을 바닥에 버렸어. 아름다운 행동은 아니지. 우리는 환경을 보호하려고 남은 음식물은 따로 모아서 버리는데 말이야. 그런데 아마존 같은 열대 우림 지역에는 엄청나게 다양한 동식물이 산다고 했잖아. 그래서 바닥에 버려진 음식물, 낙엽, 동물의 사체 등은 개미랑 다양한 곤충이 곧장 먹어 치우지. 또 곰팡이와 버섯 같은 균류와 미생물도 아주 많아서, 이 미생물이 순식간에 음식물을 다 분해해서 먹어 버려. 열대 우림 기후 지역은 덥고 축축한 곳이라서 모든 것이 더 빨리 부패해. 균류 같은 미생물이 더 빨리 자라고 번식하기 때문이야.

수염왕의 기후 노트

열대 기후는 적도 주변 지역으로, 가장 추운 달 평균 기온 18℃ 이상인 기후이다.

열대 기후 중에 1년 내내 비가 많이 오는 기후는 열대 우림 기후이다.

아마존은 1년 내내 덥고 비가 많이 오는 열대 우림 기후라, 지구에서 다양한 생물이 가장 많이 산다.

(아마존은 가장 많은 생물이 사는 곳인데, 사람은 별로 안 산다. 사람이 많이 안 사니까, 다른 생물이 많이 사는 걸까?)

쾨펜의 기후 구분 지도 _ 열대 기후(A)

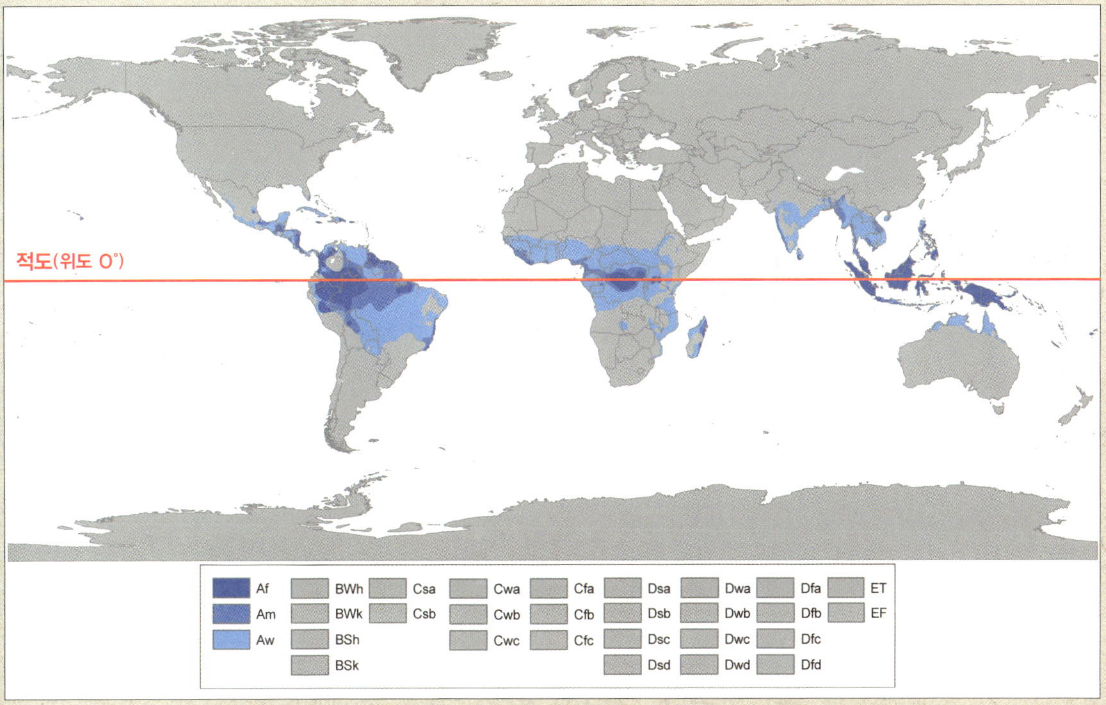

기본 기후대		세부 기후대	표기	특징
A	열대 기후	열대 우림 기후	Af	건조기 없음
		열대 몬순 기후	Am	짧은 건조기
		사바나 기후	Aw	겨울에 건조

열대 기후 지역 분포도
남아메리카의 아마존 지역, 아프리카의 콩고 지역, 인도네시아의 수마트라 섬과 보르네오 섬 등

3

펭귄을 보러 북극으로?

_ 한대 기후(E)

"화, 화, 화, 황제펭귄은, 어, 어, 어, 어디 있나요?"

조아웅이 덜덜 떨며 물었어. 턱이 덜덜 떨려서 위아래 이가 딱딱 부딪혔지. 조아웅은 황제펭귄을 보기 위해 수염왕을 따라 탐험에 나섰어.

"그, 그, 그, 글쎄."

수염왕도 마찬가지였지.

"그, 그런데 이런 느낌이, 춥다는 건가요? 온몸의 털이 다 일어서고, 숨을 쉴 때마다 콧구멍이 서로 짝 달라붙어서 숨을 쉬기 어려운 이런 느낌요. 어깨가 저절로 움츠러들고 온몸에 힘이 들어가서 **뻣뻣**해지는 이런 느낌, 처음이에요."

"그, 그, 그렇지. 양쪽 귀에 감각이 없어서 제대로 붙어 있는지 의심스러워지는 그런 느낌이기도 하지."

수염왕이 와들와들 떨며 고개를 끄덕였어.

"저, 저기, 우리가 펭, 펭, 펭귄을 보러 왔는데, 펭귄 중에 제일 큰 황제펭귄 말이오. 어디로 가면, 펭, 펭, 아니 황제펭귄을 볼 수 있소?"

수염왕이, 마침 곁을 지나가던 이누이트(북극 지방에 사는 인종) 족 남자에게 물었어.

"펭귄? 당신처럼 목 짧고 다리 짧고 날개도 짧은 펭귄 말이요?"

"그, 그렇지. 아니. 나처럼 생겼다는 말은 틀렸고."

수염왕이 고개를 끄덕이다, 다시 도리도리 저었어.

"펭귄을 보려면 비행기를 타고 적도를 지나 남쪽으로 한~참, 아주아주 한~참 내려가슈. 황제펭귄은 남극에 사니까."

"뭐라? 남극?"

"'남극의 신사, 펭귄'이라고 하잖우."

'아차, 그렇지! 황제펭귄은 남극에 살지? 아이쿠, 이를 어쩌나?'
수염왕은 조아웅을 힐끗 봤어.

"페, 페, 페, 펭귄, 없, 없, 없…?"

북극의 추위에 얼어 버린 조아웅은, 이제 충격으로 아예 얼어붙은 것 같았어. 펭귄을 보겠다는 소망을 품고 엄청나게 추운 북

극까지 수염왕을 따라왔는데 말이야.

"이왕 북극에 온 거, 북극을 대표하는 북극곰을 보는 건 어떻소?"

이누이트 남자가 수염왕과 조아웅을 위로했어.

"아하하하. 마, 맞아. 북극에는 북극곰이 있지? 조아웅, 북극곰도 황제펭귄만큼 유명하단다. 남극에는 다음에 가고 이번에는 북극곰을 보자, 응?"

조아웅은 얼어 버린 고개를 겨우 까딱였어.

"그, 그런데 북극곰은 어딜 가야 볼 수 있지? 여기서 먼가?"

"푸하하하. 지금 북극곰을 보러 가겠다는 거요? 설마 북극곰의 먹이가 되려는 건 아니겠지? 푸하하하."

이누이트 남자가 눈물까지 흘리며 웃었어. 그 눈물은 곧바로 얼어서 아랫눈썹에 고드름처럼 매달렸어.

"자, 오늘은 우리 집에서 쉬고, 내일 마을 남자들이 고래 사냥을 갈 때 함께 갑시다. 북극곰을 볼 수 있을 거요. 참, 내 이름은 가디언이오."

이렇게 해서, 수염왕과 조아웅은 가디언의 집에서 하룻밤을 묵게 되었어. 가디언의 집은 열대 우림의 오두막처럼 기둥 위에 지

어져 있었어. 열대 우림 지역의 오두막은 땅에서 올라오는 열과 습기를 막으려고 나무 다리로 받쳤는데, 가디언의 집은 땅에서 올라오는 차가운 기운을 막으려고 밑에 쇠기둥을 받친 거야. 벽에는 사다리가 세워져 있는데, 지붕에 쌓인 눈을 빨리 치우지 않으면, 눈의 무게에 눌려서 문틀이 비틀어지고 문이 닫히지 않기 때문이래. 또 집 벽에 북극곰 가죽과 바다표범 가죽도 걸어서 추위를 막는다고 했지.

"환영합니다."

가디언의 어머니가 가족을 대표해서 수염왕과 조아웅을 반겼어.

"이누이트는 다 함께 나눕니다. 그러니 당신이 이곳에 있는 동안은 이곳이 당신 집이에요. 자, 앉아요."

수염왕은 집 안을 둘러봤어. 북극이라지만 집 안은 아주 따뜻해서, 가디언의 가족들은 반소매 옷을 입었어. 텔레비전, 전자레인지, 라디오, 식기 세척기 같은 가전제품도 다 있었지. 가디언의 어머니와 아내가 물범 가죽으로 카믹이라는 방한화를 만드는 모습만 아니면, 이곳이 북극이라는 것을 알 수 없을 정도였어. 아, 저녁으로 나온 음식도 '이곳이 북극'임을 나타냈지. 물개 기름에 찍어 먹는 날생선 토막, 물범 수프, 순록 고기를 넣은 파이, 훈제 연어와 말린 고래 고기. 수염왕과 조아웅은 처음 보는 음식이지만, 감사한 마음으로 남김없이 다 먹었어.

"어, 편한 스노모빌을 두고 왜 개썰매를 타는 거야? 개들이 힘들 텐데…."

다음 날 수염왕이 사냥을 준비하는 가디언에게 물었어.

"온난화로 북극의 빙하가 녹고 있어서, 빙하가 갈라진 크레바스(빙하가 갈라져서 벌어진 틈)나 얇은 얼음판이 많소. 거기에 한번 빠지면 목숨을 건지기 어렵지. 그런데 썰매 개는 본능적으로 그런 곳을 피하거든. 게다가 몹시 추울 때는 휘발유가 얼어 버리거나 스노모빌이 고장이 나기도 하고."

가디언이 작살과 사냥총을 썰매에 실었어.

준비를 마치자, 마을 남자들은 썰매 다섯 대에 나눠 타고 끝없이 펼쳐진 빙하 위를 달렸어. 두 시간쯤 달려가다 썰매 개들이 지치고 몸에 열이 오르자, 멈춰서 점심을 먹었어. 말린 순록 고기를 먹었지.

"이 옷은 가디언의 어머님이 직접 만들었대. 여기선 바느질을 잘하는 여자가 존경받는다더군. 그럴 만해!"

수염왕이 순록털로 만든 옷을 가리켰어.

"네. 이 북극곰 털장갑도 참 신기해요. 따뜻하고 눈이 달라붙지도 않아요."

조아웅이 하얀 털장갑을 흔들어 보였어.

썰매 개들의 몸이 식자, 일행은 다시 고래 사냥터로 출발했어.

가디언은 노련하게 빙하가 갈라진 틈이나 얼음덩어리가 앞을 가로막는 곳을 피해 개썰매를 몰았어.

"손님, 아니 수염왕 아저씨. 이곳은 아마존과는 천지 차이예요. 빙하는 얼음이라 물이 얼어서 만들어진다고 생각하기 쉬운데, 실제로는 눈이 겹겹이 쌓여 다져져서 생긴대요. 세상에 이런 곳이 있다니. 이 지구는 얼마나 신비로운지요? 저를 이곳에 데리고 와 줘서 참 고마워요."

"그렇지? 고맙지? 오오오오, 저기를 좀 봐!"

수염왕이 잘난 척하다 말고 외쳤어. 거대한 빙벽이 무너지며 북극해로 떨어졌어.

"빙벽이 무너져서 빙산이 되었네. 그런데 엄청 크다."

빙하 이야기를 나누는 사이, 일행은 북극해에 도착했어.

가디언이 쌍안경으로 바다를 살피며 고래를 찾는 사이, 나머지 일행은 천막을 쳤어.

"오늘은 운이 좋은데? 일각고래 두 마리가 나타났어."

가디언이 쌍안경을 내려놓으며 말했어.

"당신들은 이곳에서 기다려요."

가디언과 마을 남자들은 두 대의 카약을 타고 일각고래를 향해 천천히 노를 저어 갔어.

"우리는 산책할까? 북극에 왔는데 뭐라도 구경해야지."

수염왕과 조아웅은 바다 반대쪽으로 산책하러 나갔어.

"아저씨, 저기, 북극곰이에요."

조아웅이 수염왕의 팔을 잡아당겼어.

하얀 털에 까만 코, 북극곰이 어슬렁어슬렁 걸어오고 있었어.

두 사람은 후다닥 얼음 바위 뒤에 숨었어. 가까이 본 북극곰은 생각보다 훨씬 컸어.

"책에서 본 건데요, 북극곰은 힘이 엄청나게 세서 이렇게 팔로 휙, 후려치면 순록 같은 큰 동물도 한 번에 등뼈가 부러진대요. 진짜 대단하죠?"

조아웅이 속삭였어.

"뭐, 뭐, 뭐라고?"

수염왕은 경악했지만, 북극곰에게 들킬까 봐 조그맣게 말했어. 그도 그럴 것이 북극곰은 두 사람이 있는 곳을 향해 점점 다가오고 있었거든.

'어쩌지? 북극곰을 보고 싶긴 했지만, 식량이 되어 주고 싶진 않은데. 절대로 말이야!'

수염왕은 얼음이 매달린 팔자수염을 손가락으로 꼬며 열심히 머리를 굴렸어.

'참, 곰은 죽은 동물은 안 먹는다는 동화가 있었지? 죽은 척이라도 할까?'

수염왕이 북극곰을 살피려고 눈 더미 위로 빠끔히 고개를 내밀어 보니, 이상하게도 북극곰은 커다란 엉덩이를 좌우로 실룩샐룩 흔들며 멀어지고 있었어.

"북극곰이 얼어 있는 바다로 들어가요. 어? 왜 저러는 거지?"

조아웅은 눈 더미 위로 올라가서 북극곰을 관찰했어.

"그, 그래? 나 좀 잡아줘, 나도 볼래."

수염왕과 조아웅은 나란히 서서 북극곰을 관찰했어.

북극곰이 올라탄 해빙이 북극곰의 무게를 감당하지 못하고 깨져 버렸어.

"으악! 어쩌지?"

두 사람은 비명을 질렀어.

하지만 북극곰은 더 먼 바다에 떠 있는 해빙으로 유유히 헤엄쳐 갔어. 그러더니 해빙 위에 앞발을 척 걸치더니 무거운 엉덩이를 낑낑거리며 올려놓았어.

"휴. 살았다. 녀석, 헤엄을 잘 치네."

수염왕은 안심했어.

북극곰은 몸을 좌우로 크게 흔들어서 바닷물을 털어냈어. 그러더니 다시 옆의 해빙으로 점프했어. 북극곰은 더 먼 바다로 향하고 있었지.

"저 녀석들을 사냥하려나 봐요."

조아웅이 꽤 큰 해빙 위에서 쉬고 있는 바다표범들을 가리켰어.

용케 다음 해빙으로 점프하기도 하고, 바다에 빠져 헤엄을 치기도 하며 북극곰은 점점 바다표범과 가까워졌어. 북극곰과 바다표범 사이에는 이제 단 하나의 해빙만 남았어. 북극곰이 남은 힘을 다 짜내서 마지막 해빙을 향해 거대한 몸을 날리는 순간, 바다표

범은 북극곰을 비웃듯, 주르륵 바닷속으로 들어가 버렸어.

빈 해빙 위에 남은 북극곰은 아쉬운 듯 바닷속을 살폈지만, 이미 바다표범은 사라진 뒤였어.

"휴, 아무리 힘이 센 북극곰이라도 먹고 살기 힘든 건 다 마찬가지네요."

조아웅이 아쉬움에 한숨을 쉬었어.

"쩝. 그러네. 하지만 귀여운 바다표범은 목숨을 건졌으니까…. 이제 천막으로 돌아가자, 가디언은 사냥에 성공했을지도 모르잖아."

수염왕과 조아웅은 임시 천막을 향해 눈밭을 걸었어.

"이상하다, 분명히 이쪽이 맞는데?"

"저쪽 아닌가요? 저기 큰 얼음덩어리 뒤요."

"저기는 좀 전에 지나친 곳이야. 이런, 우리가 같은 곳을 뱅뱅 맴돌고 있구먼."

수염왕은 당황했어. 사방이 온통 하얀 눈과 얼음이라 어디가 어딘지 구분할 수 없었어.

"아저씨, 이상해요. 저, 눈이 너무 아파요. 아저씨, 어디 계세요?"

조아웅이 손을 휘저었어.

"나, 여기 있다."

수염왕이 깜짝 놀라 조아웅의 손을 잡았어.

'혹시….'

수염왕은 『남들은 안 가는 두메 탐험』에서 읽은 내용이 떠올랐어. 눈과 얼음 위에서 반사된 자외선 때문에 눈에 염증이 생기는

설맹증에 걸릴 수도 있는데, 심하면 시력을 잃는다고 했어.

수염왕은 비단 주머니에서 선글라스를 찾아, 조아웅에게 씌워 줬어.

"가디언이 우리를 찾을 때까지 여기에 있자. 가디언은 뛰어난 사냥꾼이니까 우릴 꼭 찾을 거야."

수염왕은 조아웅을 안심시켰어. 하지만 수염왕도 이미 사방이 하얀 빙하 위에서 방향 감각을 잃어버렸지. 그런데 한참 동안 조아웅과 딱 붙어 앉아 있자니, 어느새 졸음이 밀려왔어.

'이 상황에서도 졸립다니, 난 참 겁도 없는, 담대한 남자야. 크크크.'

수염왕은, 정말 이 상황에서도, 자신의 담대함을 칭찬했지. 사실은 추우면 신진대사가 느려져서 졸음이 오는 건데 말이야.

점점 몸이 무감각해지고, 이내 수염왕은 꾸벅꾸벅 졸았어. 그런데 누군가 수염왕의 어깨를 잡고 마구 흔드는 거야. 겨우 게슴츠레 눈을 뜨니, 가디언이었어.

"눈을 떠요. 얼어 죽으려는 거요? 얼른 갑시다. 움직여서 몸을 덥혀야 해요."

조아웅도 졸았는지, 코끝에 수염왕의 선글라스를 대롱대롱 매

단 채로 횅한 눈을 비비고 있었어.

어느새 주위가 어두워졌어.

"으으으, 추워!"

기온도 뚝 떨어져 있었지.

"고래는 잡았나?"

수염왕이 일어나며 물었어. 얼었던 온몸의 뼈가 우두둑 소리를 냈어.

"일각고래는 놓치고, 흰돌고래를 잡았소. 자, 갑시다."

일행은 임시 거처로 세운 천막으로 돌아왔어. 남아 있던 사냥꾼들이 사냥한 흰돌고래를 해체해서 썰매에 나눠 싣고 있었어.

"이거 드시구려."

한 사람이 수염왕과 조아웅에게 마딱이라 부르는 고래 가죽 한 점을 건넸어.

"오, 고소한데?"

수염왕이 마딱을 오물거리며 말했어.

"좀 질기긴 한데, 씹을수록 고소하고 맛있네요. 아마존에서는 생고기를 먹어 보지 못했는데."

조아웅도 피가 묻은 마딱을 씹으며 고개를 끄덕였어.

"이곳에서도 요즘에는 고기를 익혀 먹소. 예전에는 빙하 위에서 농사를 지을 수도 없고, 곡식이나 나무가 자라지도 않으니까 이곳 사람들은 채소, 과일을 먹을 수 없었지. 하지만 우리도 비타민이 필요하거든. 그런데 생고기 속에는 비타민이 들어 있으니 생으로 고기를 먹었던 거요."

가디언이 썰매 개를 썰매에 묶으며 말했어.

"하지만 지금은 교통이 발달해서 과일과 채소를 배달해서 먹지. 심지어 온난화 때문에 날씨가 따뜻해져서, 아래쪽 마을에는 농사를 짓는다니까."

"난 자네 집에 냉장고가 있어서 신기했어, 이 추운 곳에 살면서 말이야."

"나도 신기하오, 허허허."

준비를 마친 일행은 다시 마을을 향해 개썰매를 몰았어. 푹 쉬고 고래 고기까지 배불리 먹은 썰매 개들은 임시 숙소를 향해 힘차게 달렸어.

북극은 북쪽 끝, 남극은 남쪽 끝이지요? 북극과 남극, 두 극지방은 적도에서 가장 먼 곳이라서 가장 추운 건가요?

와, 대단한걸. 앞에서 설명한 기후에 대해 잘 이해하고 있구나. 맞아, 적도에서 가장 멀리 떨어진 지역이라 북극과 남극 지역이 가장 추워. 이렇게 추운 기후를 한대 기후라고 해. 한대 기후는 가장 따뜻한 달도 기온이 10℃보다 낮아. 그래서 눈이 내리면 녹지 않고 겹겹이 계속 쌓이게 되지. 이것이 빙하야. 빙하는 물이 얼어서 만들어지는 게 아니라, 눈이 쌓이고 쌓이면서 만들어지는 거지. 당연히 빙하에선, 땅속까지 얼어서 나무가 자랄 수 없어.

그런데 한대 기후도 더 추운 곳, 덜 추운 곳으로 나뉜단다. 북극과 남극처럼 1년 내내 눈과 얼음으로 뒤덮여 있는 곳은 한대 기후 중에서도 빙설 기후라고 해. 남극과 그린란드 북쪽 지역이 빙설 기후인데, 가장 따뜻한 달의 평균기온도 0℃보다 낮아서 식물이 살 수 없는 곳이야. 하지만 펭귄과 범고래, 신천옹, 바다표범 등과 여러 나라에서 탐험과 학술 조사를 하러 온 과학자들이 살고 있어.

그린란드 남쪽과 러시아의 시베리아 일부 지역 등은 빙설 기후보다는

툰드라

조금 더 따뜻해. 적도에 더 가깝거든. 이런 기후를 툰드라 기후라고 하지. 비록 짧은 기간이지만, 기온이 0℃보다 높은 여름이 있어서 땅 위의 얼음과 눈이 녹을 만큼 기온이 올라가고 풀이 자라. 춥고 영양가 없는 땅에서도 잘 견디는 이끼 같은 식물도 자라지. 이런 식물을 먹고 사는 순록과 북극 토끼 등도 있고.

툰드라에 사는 원주민은 이누이트 족인데, 그들은 순록을 키우고, 고래·바다표범·물개·북극곰 등을 사냥하며 살고 있어. 최근에는 교통수단이 발달하고 지구 온난화로 기온이 따뜻해지면서 이누이트 족의 생활도 바뀌고 있어. 따뜻해진 덕분에 농사를 지을 수 있는 지역은 넓어졌지만, 바다 사냥은 더 어려워졌어. 교통이 발달하면서, 따뜻한 곳에서 채소와 과일 등을 사 먹기도 하지.

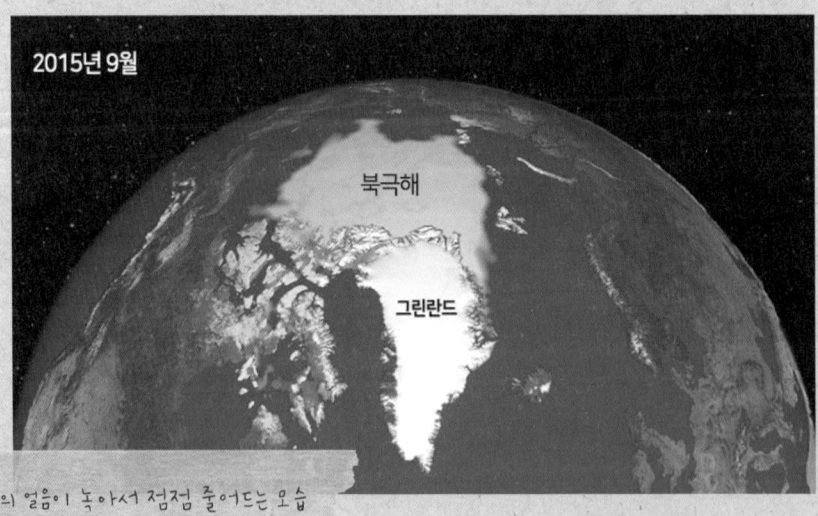

북극해의 얼음이 녹아서 점점 줄어드는 모습

> 남극에는 펭귄이 살지만 곰이 살지 않고, 북극에는 펭귄은 없고 북극곰이 살죠. 북극과 남극은 많이 다른 곳인가요?

북극과 남극의 가장 큰 차이점은, 북극은 무지무지 큰 얼음 바다이고, 남극은 얼음에 덮힌 대륙이라는 거야. 북극은 북아메리카와 유라시아 대륙에 둘러싸인 바다가 너무 추워서 얼어 버린 거지. 남극의 크기는 지구에 있는 육지의 9.2%나 돼. 그 육지를 두께가 약 2,160m나 되는 얼음이 뒤덮고 있는 거야.

북극곰은 북극해를 둘러싼 대륙에서 살던 불곰이 우연히 얼어 버린 북극으로 건너갔다가 다시 대륙으로 되돌아가지 못한 채, 북극에 적응하며 살게 된 거라고 해. 짙은 색의 털은 하얀 눈밭에선 너무 눈에 잘 띄기 때문에 하얗게 털이 변했다고 하지. 펭귄은 원래 남극에서 살던 새인데, 남극의 추위에 적응해 살아남았다고 해.

또 북극에는 사람이 살아. 북극은 바다이기 때문에 위도가 더 낮은, 따뜻한 지역의 바닷물과 공기가 북극으로 흘러들어 와서 섞여서 온도가 올라갈 때가 있어. 짧은 여름도 있지. 그래서 이누이트가 북극의 추위에 적응해서, 사냥과 유목을 하며 살 수 있었지.

남극은 북극보다 훨씬 더 추워. 우리나라의 겨울에 해당하는 남극의 8월에는 영하 70℃까지 기온이 내려간대. (남극은 적도의 남쪽에 있어서 계절이 북반구인 우리나라와 반대야.) 너무나 추워서 사람이 살 수 없어. 펭귄 등 몇몇 동물만 살고 있지. 하지만 최근에는 남극을 연구하기 위해 세계 여러 나라의 연구원들이 남극에서 생활하고 있어.

수염왕의 기후 노트

한대 기후는 가장 따뜻한 달의 평균기온이 10℃보다 낮은, 가장 추운 기후이다.
그래서 한대 기후에는 나무가 자라지 못한다.
한대 기후는 식물이 살 수 없는 빙설 기후와 지의류 같은 단순한 식물이 살 수 있는 툰드라 기후로 나뉜다.
(너무 추워서 식물이 자랄 수 없는 남극에 펭귄과 사람이 산다. 오~ 대단한 펭귄과 사람이다!)

쾨펜의 기후 구분 지도 _ 한대 기후(E)

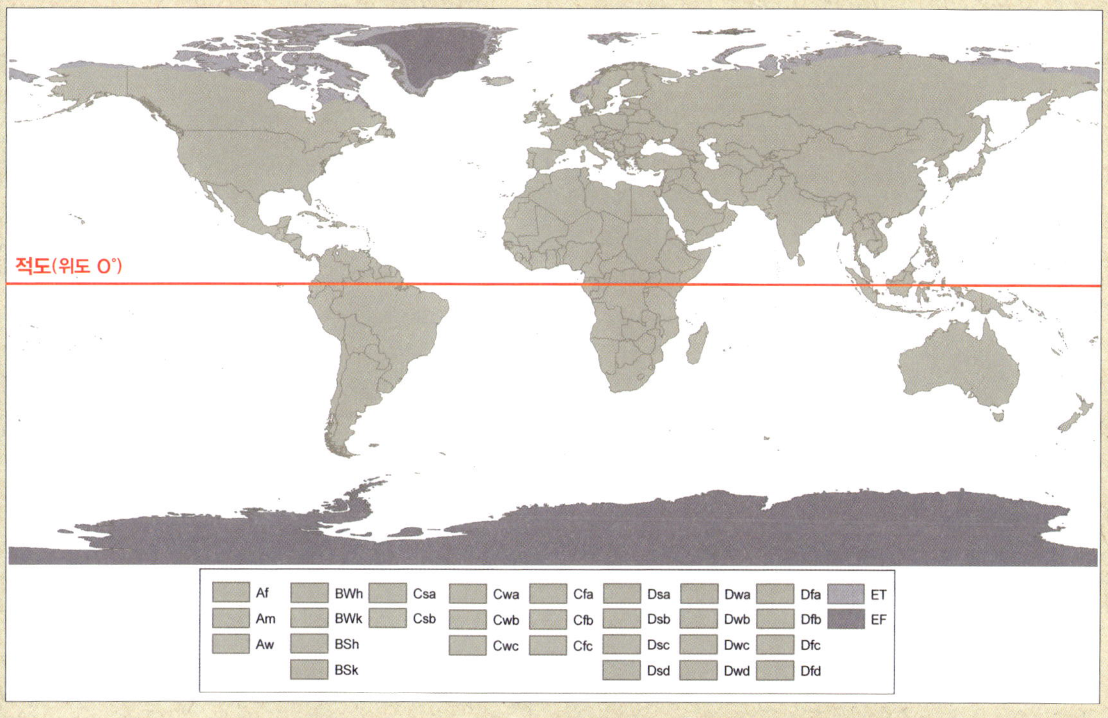

기본 기후대		세부 기후대	표기	특징
E	한대 기후	툰드라 기후	ET	여름이 없음
		빙설 기후	EF	항상 얼어 있는 땅

한대 기후 지역 분포도
그린란드, 남극 대륙, 시베리아 북부, 북아메리카 북부

83

4 따뜻하고 건조한 곳으로 가자

- 건조 기후(B)

고래 사냥에서 돌아온 지 사흘 뒤, 수염왕과 조아웅은 다음 탐험지로 떠났어. 사실은 며칠 더 있고 싶었지만, 텔레비전 뉴스를 보니, 이곳에 곧 극야가 시작된다는 거야. 그래서 부랴부랴 출발했지. 극야는 고위도 지방에서 나타나는데, 온종일 밤만 계속되는 거야. 한 달이 넘도록 깜깜한 곳에서 살아야 한다니…. 생각만 해도 귀신이 나올 것 같아서 소름이 끼쳤어.

"조아웅, 이번에는 따뜻한 두메로 가자!"

"네, 손님. 아니, 아저씨."

이렇게 해서 이누이트와 눈과 얼음, 북극곰과 바다사자, 고래들이 함께 사는 북극을 떠나, 수염왕과 조아웅은 세계에서 가장 넓은 사막 사하라, 아주아주 더울 것으로 예상되는 사하라 사막으로 출발했어.

"난 저 녀석을 탈래."

수염왕이 초록색 고삐를 맨 낙타를 가리켰어. 다른 낙타들은 얌전하게 앉았는데, 그 낙타만 혼자 떨어져 고개를 빳빳이 들고 있었어. 덩치도 가장 컸지.

"조아웅은 파란 낙타가 맘에 들어요."

조아웅이 파란 고삐를 맨 낙타의 배를 톡톡 두드렸어.

"사막은 역시 낙타를 타고 건너야 해."라고 수염왕이 주장해서 수염왕과 조아웅이 탈 낙타 2마리와 짐을 옮길 낙타 2마리, 베르베르족 낙타 몰이꾼 2명과 함께 사하라 사막으로 들어가려는 참이야.

조아웅이 먼저 파란 낙타 위에 올라탔어. 안장은 낙타의 혹 바로 뒤에 앉혀져 있었는데, 안장이라고는 해도 두툼한 담요를 여러 장 겹쳐서 낙타 등에 올린 수준이었어.

수염왕도 무릎을 꿇고 있는 낙타의 안장에 앉았지. 하지만 곧 "우아아앙!" 하는 비명을 지르며 앞으로 데굴데굴 굴러떨어지고 말았어. 낙타는 뒷다리로 먼저 일어서기 때문에 몸이 앞으로 기울어 버린 거야.

"네, 이놈, 이 고약한 놈. 감히 내가 누군 줄 알고!"

수염왕은 민망해서 괜히 낙타에게 화를 냈어. 그러자 초록 낙타는 긴 속눈썹을 천천히 껌벅이더니, '퉤!' 하고 수염왕에게 침을 뱉었어.

"헉!"

갑작스러운 공격에 수염왕은 얼어 버렸지만, 곧 발을 동동 구르며 난리를 쳤어.

"명예훼손으로, 아니, 폭력죄로 널 고소하고 말 테다!"

수염왕은, 가뜩이나 숨 막히게 더운 건조 기후 때문에 열이 나고 있는데, 낙타 때문에 그만 폭발하고 말았어. 하지만 낙타는 여전히 무표정한 얼굴로 긴 속눈썹이 달린 눈만 껌벅였어.

결국 수염왕은 몰이꾼 두 사람이 양쪽에서 잡아 준 뒤에 겨우 초록 낙타를 탈 수 있었어.

"아저씨, 긴팔 옷을 입는 게 좋지 않을까요? 아마존에선 긴소매 셔츠와 긴바지를 입었잖아요."

"그거야, 아마존은 나를 물 독벌레와 모기가 많고, 나를 할퀼 나뭇가지와 가시도 많았으니까. 하지만 이곳은 아무것도 없잖아."

수염왕이 주위를 가리켰어. 누런 모래와 자갈만 하염없이 펼쳐져 있었어. 하늘에는 구름 한 점 없었지.

"덥고 건조한 이곳에서 긴 옷을 입으면 더 더울 거야."

수염왕은 반소매셔츠에 반바지, 선글라스, 챙이 넓은 모자를 썼어. 조아웅은 낙타 몰이꾼과 같이 긴 천을 머리에 두르고 헐렁헐렁한 긴소매 옷과 긴 바지를 입었지.

간간이 보이던 작은 나무와 풀도 어느새 보이지 않고, 모래와 자갈밭, 모래 언덕만 연달아 나타났어. 참, 자갈처럼 보이는 낙타 똥도 보였지. 낙타들은 서로 줄로 이어져 있어서 한 줄로 걸었어. 사막은 정말 조용했어. 낙타가 푸우푸우 푸푸 숨을 쉬는 소리만 들렸지. 가만히 귀 기울이면, 사르륵 모래 언덕에서 모래가 무너져 내리는 소리가 들렸어.

어둑어둑해지자, 일행은 천막을 쳤어. 저녁으로 양고기 구이를 먹었지. 구운 빵도 올리브유에 찍어 먹었어. 말린 대추야자는 머리가 띵 할 정도로 달았어.

"아이코, 따가워!"

수염왕이 비명을 질렀어. 온몸이 벌겋게 익고 살갗이 벗겨졌어. 그래서 늘 가지고 다니는 비단 주머니에서 만능 연고를 꺼내 발랐어.

"아이쿠, 허리야!"

수염왕은 허리도 끊어질 듯 아팠어. 허리를 좌우로 돌릴 때마다 '우두둑우두둑' 하는 소리가 났지.

수염왕과 조아웅은 낙타 몰이꾼들이 부르는 노래를 들으며 쉬다가, 천막으로 돌아가 자리에 누웠어. 낮에는 그렇게 펄펄 끓던 사

막이, 해가 지자 소름이 돋을 만큼 서늘해졌어. 사막은 건조해서, 낮의 열기가 금방 식어 버리거든.

"에이취!"

재채기하며 수염왕은 이불을 목까지 끌어 올렸어. 화상을 입은 팔이 쓰리고 잠도 오지 않았어. 그런데 어디선가 구슬픈 울음소리가 들렸어.

'귀신인가? 사막 귀신? 아니 천년 묵은 사막여우의 울음소리인가?'

수염왕은 소름이 쭈뼛 돋았어. 하지만 무슨 소린지, 궁금하기도 했지.

"조아웅, 자냐?"

수염왕은 조그맣게 조아웅을 불렀어.

"아뇨. 그런데 아저씨, 이 소리, 들리세요?"

조아웅이 자리에서 일어나 앉으며 물었어.

"나도 그게 궁금해. 우리, 나가 볼까?"

두 사람은 천막 밖으로 나갔어.

하늘에는 수많은 별이 강물처럼 흐르며 반짝였지만, 하늘 아래 누운 사막은 온통 새까맸어.

몰이꾼들은 잠들었는지 불이 꺼져 있고, 낙타들은 천막 앞에 누워 잠이 들었어.

"한 마리가 부족해요."

조아웅이 손가락으로 낙타를 세며 고개를 갸우뚱했어.

"뭐?"

수염왕이 손전등으로 낙타들을 살폈어. 수염왕이 타고 온 초록 낙타가 보이지 않았어.

"혹시 자칼에게 잡아먹힌 거 아닐까?"

수염왕이 깜짝 놀라 사방을 살피며 조아웅에게 속삭였어. 그런데 조아웅이 사구(모래 언덕)을 가리키는 거야.

"저길 보세요."

초록 낙타가 하늘을 보며 목 놓아 울고 있는 거야. 그러더니 벌떡 일어나, 천천히 사막의 어둠 속으로 걸어 들어갔어. 수염왕과 조아웅은 멍하니 서서 초록 낙타를 보고만 있었어.

"앗, 저 녀석 도망가는 거 아녜요?"

별안간 깨달은 듯, 조아웅이 소리쳤어. 그러고는 말릴 새도 없이 낙타를 쫓아 달렸어. 엉겁결에 수염왕도 조아웅을 따라 달렸어. 그런데 낙타는 천천히 걸어가는 것 같은데도, 수염왕과 조아웅은 낙타를 따라잡을 수가 없었어. 발목까지 폭폭 빠지는 모래밭을 달리는 건, 아주 힘들었어.

"아이고, 죽겠다!"

수염왕이 털썩 주저앉았어.

"조아웅, 목말라요."

조아웅도 바싹 마른 입술을 혀로 적시며, 수염왕 옆에 주저앉았어.

"말하지 마! 입에 모래만 들어간다."

수염왕은 아예 자리에 누워 버렸어. 사막에서도 바람은 불어서, 모래 언덕을 무너뜨리고, 새로운 모래 언덕을 쌓기도 했어. 사르르르 모래가 무너지는 소리가 들렸어.

수염왕과 조아웅은 사르륵사르륵 모래 소리를 들으며 스르륵 잠이 들었어. 몇 시간이 지났을까. 주위가 온통 불바다처럼 붉게 바뀌는 느낌이 들어서, 수염왕은 살짝 눈을 떴어.

"불, 불, 불이야!"

수염왕이 소리쳤어.

"어디요? 어디요?"

조아웅이 벌떡 일어나 주변을 둘러봤어.

"와!"

조아웅이 한마디 감탄사를 뱉어 내더니, 넋을 잃고 지평선을 보는 거야.

수염왕도 조아웅이 보는 방향을 함께 봤어. 불덩어리 같은 해가 눈앞에서 붉게 이글거리더니 순식간에 멀어지면서 점점 작아졌어. 그러다 곧 하늘로 솟아올랐지.

"와!"

수염왕도 한마디 감탄사 외에, 아무 말도 나오지 않았어.

그런데 붉은 태양빛 속에서 낙타 한 마리가 터벅터벅 다가오는 거야.

"어, 어, 어, 어…."

수염왕이 놀라서, 멍하니 손가락으로 낙타를 가리키는 동안, 조아웅이 달려가 낙타의 초록색 고삐를 붙잡았어.

"이 말썽쟁이 녀석! 네 녀석 때문에 우린 사막에서 잤다고, 이불도 없이!"

수염왕은 화를 냈지만, 한편으로는 되돌아온 낙타가 반갑고 고마웠어.

수염왕과 조아웅은 서둘러서 어젯밤 머물렀던 천막을 찾아 나섰

어. 그런데 여긴 어딜까? 밤사이 분 바람이 사막의 모습을 바꿔서 통 길을 찾을 수가 없었어. 북극에서처럼 또 길을 잃은 거야.

"조아웅, 아마존에서 길을 잃어버린 적 없어요. 그런데 지금은 길 잃어버려요."

조아웅이 절망적으로 어깨를 축 늘어뜨렸다.

"조아웅, 길을 못 찾는 건 괜찮다."

수염왕이 조아웅을 달랬어.

"하지만 물통을 잃어버린 건 용서가 안 돼!"

수염왕이 눈을 부릅떴어. 너무 목이 말랐어. 그런데 앞장서서 걷던 초록 낙타가 두 사람을 보며 '푸우우우' 하는 소리를 냈어. 왠지 따라오라는 신호 같았어. 이미 길도 잃고 물통도 잃고 기운도 잃어버린 두 사람은 초록 낙타를 따라가는 수밖에 없었어. 그래도 낙타는 사막의 베테랑이니까.

얼마쯤 걸어가자, 사막에서 은쟁반처럼 반짝이는 게 보였어.

"물이다."

조아웅이 먼지 달려갔어. 수염왕도 모래에 발이 푹푹 빠졌지만, 마지막 기운을 내서 허겁지겁 달렸어. 사막 한가운데에서 샘을 만나다니….

조아웅과 수염왕은 샘에 얼굴을 담그고 허겁지겁 물을 마셨어. 마시고, 마시고 또 물을 마시자 갈증이 가시며, 기운이 났어.

"물이 이렇게 소중한 줄 몰랐어요. 열대 우림인 아마존에서는 매일 비가 억수같이 쏟아지니까요."

조아웅이 울먹였어. 그러고는 양손에 물을 받아 얼굴에 뿌렸어.

"그래. 이게 생명수일 거야."

수염왕도 코끝이 찡했어.

실컷 목을 축인 두 사람은 다시 초록 낙타를 따라 길을 나섰어. 따가운 햇볕이 내리쬐고 더는 샘을 찾지 못할 수도 있는데, 다시 길을 나서는 게 겁이 났어. 물이 있는 이곳에 가만히 앉아, 두 사람을 구해 주러 올 사람을 기다리고 싶기도 했어. 하지만 두 사람은 용기를 냈어.

사막의 모래를 뜨겁게 달군 햇볕을 받으며 모래를 휘감고 부는 바람을 맞으며 두 사람은 천천히 걸었어. 발이 푹푹 빠지는 모래 사막을 걷는 건 힘이 들었어. 수염왕은 현기증이 나서 한 걸음도 더 걸을 수가 없었어. 그런데 앞서가던 초록 낙타가 고개를 빳빳이 들고 눈썹을 우아하게 껌벅이며 수염왕에게 다가오는 거야. 초록 낙타의 여유로운 모습을 보자, 수염왕은 갑자기 화가 치밀었어. 그래서 초록 낙타의 고삐를 바짝 쥐고 흔들며 혼을 냈어.

"이게 다 너 때문이야, 이 골칫덩어리 녀석!"

하지만 초록 낙타는 긴 속 눈썹을 천천히 껌벅이며 '퉤!' 하고 수염왕에게 또 침을 뱉었지.

수염왕이 화가 치솟아서 뒷목을 잡고 쓰러지기 직전, 초록 낙타가 무릎을 꿇고 앉았어. 마치 자기 등에 타라는 것 같았지.

수염왕 일행은 다시 사막을 걸었어. 수염왕과 조아웅은 교대로 초록 낙타를 탔어. 하지만 숨을 쉴 때마다 뜨겁고 건조한 공기가 코와 목구멍을 바싹 말렸고, 두 사람은 어느새 말이 없어졌어.

'사막은 풀 한 포기 제대로 살지 못하는 기후라서 사람이 살지 못하겠다.'

수염왕은 꼬불꼬불나라에서 태어난 게 참 다행이다, 싶었어.

'이젠 더는 못 버티겠다.' 싶던 순간, 멀리 작은 숲이 보였어.

'오잉? 더위를 먹어서 헛것이 보이나? 내가 신기루를 보는 걸까?'

수염왕은 눈을 빠르게 몇 번 깜박인 뒤 다시 앞을 봤어. 분명히 푸른 잎이 달린, 살아 있는 나무들이었어.

"조아웅, 저길 봐! 저 푸른 나무를 봐!"

"만세! 이제 살았어요."

초록 낙타를 타고 기절한 듯, 축 늘어져 있던 조아웅이 두 팔을 번쩍 들어 올렸어.

"오아시스, 오아시스가 틀림없어."

오아시스를 보자, 사라진 줄만 알았던 힘이 불끈 솟았어.

"자, 가자!"

수염왕과 조아웅은 초록 낙타와 함께 성큼성큼 오아시스를 향해 걸었어. 가까워질수록 오아시스는 더 커졌어. 그 오아시스는 꽤 큰 마을이었어. 제법 큰 시내가 흐르고, 곳곳에 대추야자나무와 올리브나무가 자라며, 물가에는 낙타들이 쉬고 있었어. 광장에는 시장이 열려서 사람들이 활기차게 물건을 사고팔고 있었지.

초록 낙타가 물가로 가 버리자, 수염왕과 조아웅은 제일 가까운 음식점에 들어갔어. 얼음물과 제일 비싸고 맛있고, 양도 많은 음식을 주문했지.

두 사람은 물가가 보이는 창가에 앉았어. 얼음물로 갈증도 해결하고, 배불리 음식도 먹자, 수염왕은 마음에 여유가 생겼어. 죽을 것 같았던 사막을 건넌 일이 아주 아름답게 기억되었지.

"조아웅, 이런 말이 있단다, 잘 들어 보거라. '사막이 아름다운 건 어딘가에 오아시스가 숨어 있기 때문이다.' 정말 딱 맞는 말 아니겠냐?"

"오아시스가 아니라, '샘'이죠. 아니 '우물'이던가?"

조아웅이 고개를 저으며 수염왕의 말을 지적했어.

"조아웅?"

"네?"

"자네, 요즘, 나에게 지적을 점점 많이 하는군."

"앗! 죄송해요. 저는 틀린 걸 못 보아 넘기는 성격이라."

"괜찮아, 다 괜찮아! 우린 저 말썽꾸러기 낙타와 함께 무시무시하게 더운, 세계에서 가장 큰 사하라 사막을 무사히 건넜고, 지금은 오아시스에서 시원한 과일 주스를 마시고 있으니까 말이야. 크크크큭!"

"맞아요!"

수염왕과 조아웅은 서로 마주보며 크게 웃었어.

"이제, 건조 기후, 사막은 정복 완료!"

수염왕이 선언했어.

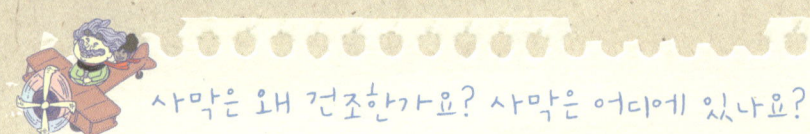
사막은 왜 건조한가요? 사막은 어디에 있나요?

사막은 주로 중위도에 있는 대륙이나 바닷가 근처에 있어. 사막은 기온이 아주 높아. 그래서 증발량이 많지. 그런데 아쉽게도 강수량은 아주 적어. 강수량은 적은데, 증발량은 많으니, 건조할 수밖에 없지. 쉽게 설명하면, 1년 동안 하늘에서 땅으로 내려온 물은 물병 한 개만큼인데, 땅에서 하늘로 증발하는 물의 양은, 물병 두 개만치인 곳이지. 그래서 늘 건조한 곳이야. 이런 기후를 건조 기후라고 하는데, 건조 기후는 강수량이 1년에 500㎜보다 적어. 그래서 나무가 자랄 수 없지. 이런 건조 기후 지역은 세계 육지의 25%나 차지하고 있어.

건조 기후 역시 더 건조한 사막 기후와 조금 덜 건조한 스텝 기후로 나뉘어.

사막 기후는 1년에 오는 강수량이 250㎜보다도 적어.(강수량은 지름 20cm인 원통형 수수구로 강수를 모아 물 깊이를 재는 거야.) 그래서 사막은 나무는 자랄 수 없고, 선인장 같은 건조한 기후에 적응한 식물만 겨우 자라. 땅 대부분이 모래와 자갈, 바위로 뒤덮여 있지.

그래서 사막은 일교차가 커. 하루 동안에도 온도가 들쑥날쑥한 거지. 물이 거의 없고, 나무도 없는 사막은 쉽게 달궈지고 빨리 식어. 그래서

건조 기후인 사막의 모습

해가 내리쬘 때는 아주 뜨겁고, 해가 진 뒤에는 추워지는 거야. 반대로 물과 나무가 있는 곳은 천천히 데워지고 천천히 식어서 일교차가 적지.

사막은 몹시 더운 곳이라 적도 근처에만 있을 것 같지? 하지만 뜻밖에 사막은 세계 여러 나라에 흩어져 있어. 가장 큰 사막이, 수염왕이 탐험한 북아프리카의 사하라 사막이야. 몽골 고비 사막의 모래는 바람을 타고 우리나라에 몰려와서 황사를 일으키지.

> 사람은 물 없이는 살 수 없어요. 먹을 것이 없어도 살 수 없죠. 아무리 오아시스가 있다고 해도 건조 기후에서 사람이 살 수 있나요?

　세계의 다양한 기후와 지형을 알수록, 사람은 참 대단한 것 같아. 친구의 질문처럼 덥고 건조한 사막에도, 피가 얼어 버릴 듯이 추운 남극과 북극에도, 산소가 부족해서 숨쉬기도 힘든 높은 산에도 사람이 살고 있으니까. 물론 사람이 많이 살지는 않아.

　친구가 말한 대로, 사람이 사는 데는 반드시 물과 먹을 것이 필요해. 그런데 건조 기후 지역은 강수량이 아주 적지. 하지만 전혀 비나 우박 등이 오지 않는 것은 아니야. 아주 가끔 비가 와서 사막을 흐르기도 하고, 사막이 아닌 지역에서 시작되어 사막을 지나는 물줄기(외래 하천)도 있어. 지하수가 솟는 오아시스도 있지. 최근에는 멀리 있는 물을 지하를 통해 끌어와서, 농사를 짓는 관개 농업이 발달하고 있어.

　전통적으로 사막에 사는 사람은 세 종류가 있다고 해. 오아시스에서 농사를 짓는 정착민, 가축을 몰고 풀과 물을 찾아 돌아다니며 사는 유목민, 여기저기로 물건을 사고팔러 다니는 대상이 있지.

　참, 앞에서 건조 기후는 사막 기후와 사막보다는 덜 건조한 스텝 기후

아르헨티나의 팜파스
동쪽은 강수량이 500㎜보다 많아 습윤 팜파스[온대 기후(C) 중 온난 습윤 기후(Cfa)], 서쪽은 강수량이 500㎜보다 적어 건조 팜파스[건조 기후(B) 중 스텝 기후(BS)]로 구분된다. 습윤 팜파스(⇧)는 상업적 혼합농업과 육류 생산이 많고, 건조 팜파스(⇩)에서는 밀의 생산과 양의 방목이 이루어진다.

로 나뉜다고 했지? 건조 기후 지역에 사는 사람들은 당연히, 사막보다는 스텝 기후 지역에 살아. 스텝 기후는 사막 주변에 생기지.

스텝 기후의 연 강수량은 250~500㎜야. 그래서 나무는 자랄 수 없지만 짧은 풀은 자랄 수 있어. 풀을 먹고 사는 동물도 살 수 있지. 다행인 것은, 비가 적게 오는 덕분에 땅속의 영양분이 비에 씻겨 나가지 않고 그대로 쌓여 있어서, 땅이 비옥하다는 거야. 그래서 스텝 기후에선 농사를 짓고, 양·염소를 키우는 목축업이 발달했어.

북아프리카의 사하라, 중앙아시아의 고비 사막 등에서는 가축에게 먹일 풀을 찾아 돌아다니며 사는 유목 생활을 많이 해. 쉽게 짓고, 가지고 다니기도 좋은 천막에서 살아. 하지만 아메리카와 러시아에 있는 스텝 기후 지역에서는 기업들이 큰 규모로 밀 농사를 짓고, 가축을 키워서 팔고 있어.

수염왕의 기후 노트

건조 기후는 연 강수량이 500㎜보다 적은 기후이다.
건조 기후는 연 강수량이 250~500㎜인 스텝과 250㎜보다 적은 사막 기후로 나뉜다.
건조 기후는 연 강수량이 너무 적어서 나무가 못 자라지만, 스텝 기후는 짧은 풀이 자라는 초원이다.
(힘들어도 절망하지 말자. 사막에 오아시스가 있듯이, 내 인생에도 기쁨이 있다. 적어, 수염왕의 명언이잖아!)

쾨펜의 기후 구분 지도 _ 건조 기후(B)

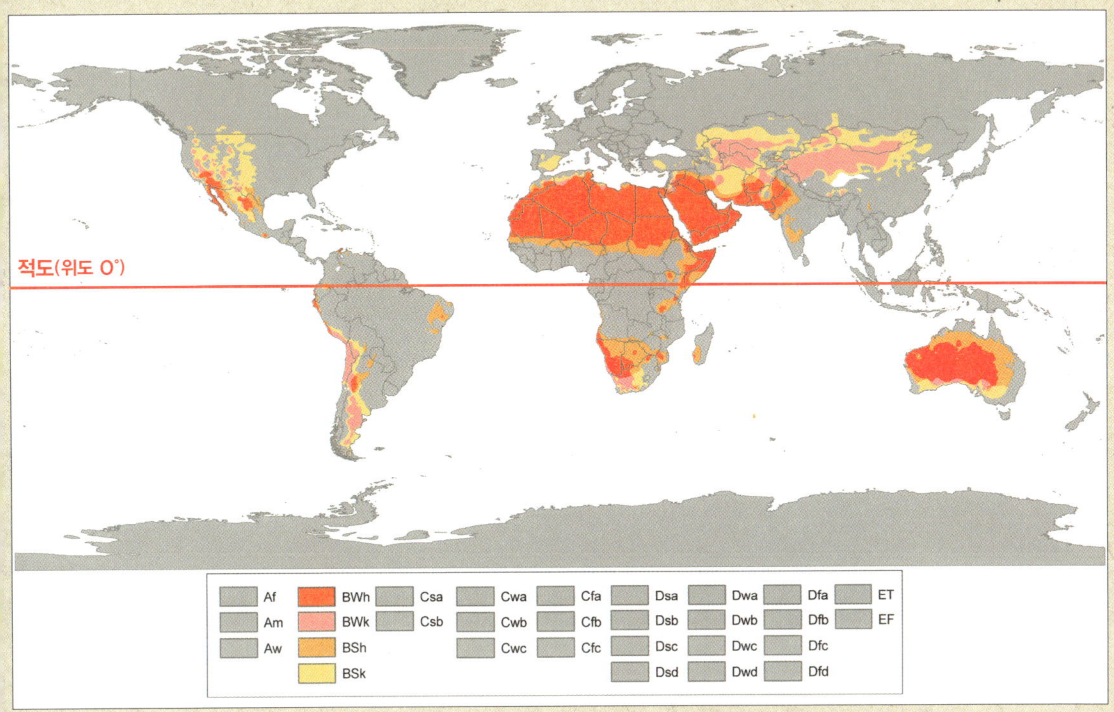

기본 기후대	세부 기후대	표기	특징
B	사막 기후	BWh	온난 사막
		BWk	한랭 사막
	스텝 기후	BSh	온난 스텝
		BSk	한랭 스텝

건조 기후 지역의 분포도

- 사막 기후: 사하라 · 칼라하리(북아프리카), 고비 사막, 타클라마칸 사막, 아라비아 · 타르(인도), 애리조나(북아메리카), 아타카마(칠레), 그레이트샌디(오스트레일리아)
- 스텝 기후: 사막의 주변 중앙아시아, 이란 고원, 아나톨리아 고원(터키), 사하라 사막의 남북 지역, 그레이트플레인스(북아메리카), 팜파스(남아메리카) 일부, 오스트레일리아 서부

5
아프리카의 초원, 사바나에 가다

−열대 사바나 기후
　（Am）

"수염왕 아저씨, 정말 우리끼리 가도 괜찮을까요?"

"왜? 자네 혹시 나, 수염왕을 못 믿는 건가?"

조아웅은 수염왕의 말에 아무 말 없이 눈만 껌벅였어. "못 믿어요."라는 간절한 마음이 담긴 껌벅임이었지만, 역시나 수염왕은 자기 좋을 대로 해석했지. "조아웅은 수염왕 아저씨만 믿어요."라고 말이야.

수염왕과 조아웅은 사하라 사막에서 아프리카 남쪽으로 더 내려왔어. 눈앞에 야생 동물의 천국, 키 작은 관목과 긴 풀이 자라는 사바나가 펼쳐졌지.

두 사람은 튼튼한 바퀴가 달린 지프를 타고, 세렝게티 공원으로 사파리를 떠났어. 조아웅은 안내하는 사람 없이 가는 게 불안했지만, 수염왕은 '사하라를 정복한 탐험가'에게 안내인이 웬 말이냐며, 자기만 믿으라고 우겼지.

　세렝게티 공원은 사막보다 쬐끔 덜 덥고, 사막보다 쬐끔 덜 건조했어. 하늘에는 구름 한 점 없고, 햇볕은 쨍쨍 내리쬐었지.

　"여기는 열대 초원, 사바나 기후 아닌가? 이렇게 덥고 건조한 곳에 많은 야생 동물이 사는 게 신기한데?"

　수염왕이 말라 버린 초원을 가리켰어. 누렇게 마른 긴 풀이 약한 바람에 조금씩 흔들리고, 키 작은 관목이 듬성듬성 자라고 있었어.

　"지금은 건기라 비가 안 오지만, 우기에는 비가 와서 풀이 자라고 동물이 마실 물도 넉넉해진대요."

　멀리, 수백 마리의 임팔라와 톰슨가젤이 통통 튕기듯 뛰고, 얼룩말 무리가 긴 꼬리를 흔들며 한가롭게 거니는 게 보였어. 고집쟁이 할머니가 꼭 보고 싶어 했던 야생 동물의 왕국에 온 거야.

　"여기야, 바로 여기야!"

　수염왕이 감격에 겨워 소리쳤어.

　"저기, 저기 좀 보세요. 목이 엄청나게 긴 동물이 있어요. 저 동물이 혹시, 타조인가요?"

　망원경으로 주변을 관찰하던 조아웅이 흥분해서, 일어났어.

"아니. 저 녀석은 기린이야. 하긴 나도 기린을 처음 본다. 우와, 진짜 목이 길구나. 조금만 가까이 가서 볼까?"

수염왕은 기린을 향해 천천히 차를 몰았어. 기린과 가까워질수록 기린은 점점 더 키가 커 보이더니, 아주 가까이 다가갔을 때는 전봇대만 하게 보였어.

"아저씨, 저 기린은 혀가 검고, 아주 길어요. 몸에 무늬도 아주 예쁘고요."

조아웅은 기린을 보고는 흥분해서 난리였어. 세계에서 가장 다양한 생물이 사는 아마존에서도 기린처럼 키 큰 동물은 볼 수 없으니까.

"자, 차에서 내리자. 사나운 북극곰과는 기념사진을 못 찍었고, 사막에서는 심술 많은 녹색 낙타가 자꾸 침을 뱉어서 사진을 못 찍었고, 조금 전에는 코끼리가 무서워서 사진을 못 찍었지만, 이번에는 반드시 기린과 사진을 찍을 테다."

"맞아요. 분명히 기린은 순할 거예요."

두 사람은 차에서 내려, 조아웅이 먼저 기린 옆에 섰어. 조아웅은 얼굴 가득 미소를 지으며, 기린에게 다가갔어. 그 모습을 수염왕은 사진기 렌즈를 통해 지켜보았어.

"어? 어?"

수염왕은 렌즈에 눈을 찰싹 붙인 채로 당황했어.

조아웅 뒤에 있던 기린이 고개를 돌려 조아웅을 내려다보는데, 왠지 화가 난 것처럼 보였거든.

"조아웅."

수염왕이 놀라서, 조아웅에게 다가갔어. 여전히 사진기 렌즈에 눈을 붙인 채 말이야.

"조아웅, 뭔가 잘못된 것 같다. 기린이 나뭇잎 맛이 안 좋았나 봐. 기분 나쁜 것 같은데?"

하지만 조아웅은 흥분해서 여전히 싱글벙글하며 기린 옆에서 V(브이) 자를 그리며 자세를 취하고 있었어.

'에이, 모르겠다.' 수염왕은 사진기 셔터를 눌렀어. '찰칵' 소리에 놀란 기린이 조아웅을 향해 몸을 돌렸어. 그러고는 믿기 힘들 정도로 긴 목을 왼쪽으로 휙 꺾더니, 그 반동으로 조아웅을 향해 내리쳤어.

"조아웅!"

수염왕은 너무 놀라서 사진기를 손에서 놓쳐 버렸어. 그 순간, 조아웅이 사진기를 받으려고 앞으로 달려 나왔지.

"잡았다!"

조아웅이 무사히 사진기를 받아들고, 안도의 미소를 짓는 그 뒤

로 어마어마한 힘으로 기린의 목이 휘이익, 왼쪽에서 오른쪽으로 바람을 가르며 휘갈겨 지나갔어. 그 기세에, 조아웅이 뭔가 궁금해서 뒤를 돌아보려 했지. 하지만 그보다 먼저, 수염왕이 조아웅의 팔을 잡고 차를 향해 달렸어.

"무, 무슨 일이에요, 아저씨?"

조아웅이 물었어.

"아무 일도 없다. 그냥 죽기 싫다는 것뿐."

수염왕은 단번에 시동을 걸어서, 그곳을 벗어났어. 왠지 화가 난 기린이, 다른 기린과 함께 수염왕의 지프를 향해 돌진해 왔어. 수염왕은 정신없이 차를 몰았어.

"아저씨, 저기서 잠깐 쉬어요."

수염왕이 나무 그늘에 차를 세웠어. 조아웅은 보온병에서 차가운 커피를 컵에 따라 수염왕에게 건넸어. 탄자니아에서 수확한 커피 향을 맡으며 수염왕은 마음을 가다듬었어.

"역시 원산지에서 먹는 커피가 제일 맛있다니까."

수염왕이 커피 향을 맡았어.

"고맙다, 조아웅. 좋았어. 다시 야생 동물의 천국을 둘러보자고!"

수염왕이 차에 시동을 걸려는데, 차 열쇠가 안 보였어. 열쇠를 찾아 주위를 둘러보는데, 차 앞덮개 위에 원숭이 한 마리가 앉아 있더라고. 그 녀석이 차 열쇠를 가지고 있었지.

"이 녀석아, 얼른 내 열쇠 내놔!"

수염왕이 소리를 질렀어. 하지만 원숭이는 열쇠를 앞니로 깨물어 보고, 다시 송곳니로 씹어 보다 어금니로 씹어 보더니, 이상하다는 듯 자동차 열쇠를 돌려보며 살폈어.

"푸하하하. 그건 먹는 게 아냐, 쇠라고 쇠!"

수염왕이 원숭이를 비웃었어. 원숭이는 수염왕을 보다, 다시 열쇠를 봤어. 그러더니 아무 미련도 없는 듯, 길고 누런 풀이 가득한 풀밭에 차 열쇠를 던져 버렸어.

"저, 저, 저 고얀 녀석. 남의 물건을 가지고 갔으면 곱게 되돌려 줘야지, 그렇게 던져 버리면 어쩌냐? 쯧쯧. 내가 원숭이 말만 알아도, 네게 예절 교육을 했을 텐데…."

수염왕은 혀를 차며, 열쇠를 주우러 차에서 내렸어. 하지만 몇 걸음 못가서, 수염왕은 얼어 버렸어.

"아저씨, 수염왕 아저씨, 뭐 하세요?"

"쉿!"

수염왕이 검지를 입에 대며 조아웅에게 주의를 줬어.

"무슨 일인데요?"

조아웅이 차에서 내리려고 했어. 그러자 수염왕이, "안 돼, 차에 있어."라고 다급하게 말했어. 그러고는 발밑을 가리키며 속삭였어.

"사자!"

누렇게 말라 버린 풀밭 속에, 역시 누런 빛깔의 사자 가족이 낮잠을 자고 있는 거야.

수염왕은 한 걸음 한 걸음 천천히 뒷걸음했어. 행여 잠자는 사자의 코털이라도 건드릴세라, 조심 또 조심했어. 뜨거운 날씨에, 긴장까지 했더니 땀이 줄줄 흘러내렸어.

쾅! 무사히 지프에 도착하자마자, 수염왕은 문을 세게 닫았어.

"사자가 잠을 안 깨서 다행이에요."

"크하하하. 오늘은 정말 운이 좋구나."

수염왕과 조아웅은 마주보며 웃었어.

"그런데 차 열쇠 없이, 어떻게 가지?"

"걱정하지 마세요. 분명히 저 사자들은 곧 잠에서 깨서 사냥을 갈 거예요. 그때 열쇠를 주우면 되죠."

"그렇지, 그렇지. 우린 느긋하게 기다리기만 하면 되지. …그런데 저 사자들이 우리를 사냥하는 거 아니냐?"

조아웅의 말에 고개를 끄덕이던 수염왕이 갑자기 소리쳤어.

"조아웅, 이 차를 보거라. 이 차는 지프야. 우릴 보호해 줄 천정도 없고, 벽도 없다고."

"우아악! 그러네요!"

결국 두 사람은 짐칸에 있던 큰 천을 뒤집어쓰고 숨어서, 사자를 살피기로 했어. 눈만 빠끔 내밀고 사자를 살핀 지 얼마 되지 않아, 멀리서 두두두두 두두두두 엄청나게 큰 소리가 들려왔어. 차가 흔들릴 정도로 진동도 대단했지.

"뭔가 달리고 있는 거예요. 그것도 아주 많이요."

조아웅이 속삭였어.

두 사람이 한눈을 파는 사이, 어느새 일어난 사자 가족이 천천히 풀을 가르며 달려갔어. 그 순간을 놓치지 않고, 조아웅이 잽싸게 차 열쇠를 집어 왔어.

두 사람은 서둘러서, 요란한 소리가 들려오는 곳을 향해 차를 몰았어. 점점 소리가 더 커지고 땅이 흔들리는 진동도 더 커졌어.

두두두두두두두두.

"이, 이, 이건…."

수염왕은 눈 앞에 펼쳐진 장관에 할 말을 잃었어. 수만, 아니 수십만 마리의 누가 동쪽으로 달려가고 있었어. 톰슨가젤과 얼룩말 무리도 같은 방향으로 달리고 있었지. 땅이 흔들리고 누런 먼지가 피어올라 앞도 잘 보이지 않았어.

"먹을 풀과 마실 물을 찾아서 마사이 마라로 가나 봐요. 하지만 건기가 끝나고 우기가 시작되면 다시 돌아오겠죠?"

넋을 잃고, 동물의 대이동을 지켜보던 조아웅이 말했어.

"우리도 가자! 이번에는 시원한 곳으로!"

수염왕이 조아웅을 보며 씨익 웃었어.

세렝게티 국립공원은 야생 동물의 천국이라고 했는데, 왜 얼룩말, 누 등이 세렝게티 국립공원을 떠나는 건가요?

　　탄자니아의 세렝게티 국립공원은 생물 보호 지역 두 곳과 세계 문화유산 지역 두 곳이 있는 30,000km²나 되는 거대한 공원이야. 우리나라 경기도의 약 3배나 되는 넓이지.

　　친구가 말한 대로, 세렝게티 국립공원은 야생 동물의 천국이라고 해. 풀이 잘 자라는 곳이라, 풀을 먹는 초식 동물이 많고, 초식 동물을 먹는 육식 동물도 많지. 문제는, 이 공원이 속한 기후가 사바나 기후라는 거야. 사바나 기후는 열대 기후지만, 적도가 포함된 열대 기후보다 더 위도가 높은 곳에 나타나.

　　사바나 기후의 특징은 1년 내내 덥지만, 건기와 우기는 아주 뚜렷하게 나뉜다는 거야. 1년 중에 어떤 시기는 비가 아주 많이 오지만, 다른 시기는 비가 오지 않아서 아주 건조해. 그래서 키가 큰 나무는 자랄 수 없고, 키가 작은 나무와 긴 풀이 자라지.

　　우리나라는 여름에는 비가 많이 와서 강수량이 많지만, 겨울에는 강수량이 적지? 마찬가지로 사바나 기후에서도 겨울이 강수량이 적은 건

세렝게티의 건기(왼쪽)와 우기(오른쪽)

기야. 그런데 우리나라는 적도의 북쪽(북반구)이라 12월이 겨울이지만, 세렝게티 국립공원은 적도의 남쪽(남반구)에 있어서 계절이 반대지. 즉 7월경이 겨울이야. 특히 세렝게티 국립공원은 건기가 길어서 초록색 풀은 잠깐 볼 수 있고 대부분 풀이 누렇게 말라 있어. 풀이 말라죽고 마실 물도 부족하게 되면, 초식 동물은 먹이를 찾아 근처에 있는 케냐의 마사이 마라로 대이동을 하는 거야. 그러다 세렝게티 국립공원에 우기(비 오는 시기)가 되면 다시 되돌아오지.

사바나에서 사는 사람은 없나요? 야생 동물의 천국이면, 사람은 살지 않는다는 건가요?

'사바나'라는 말은 '나무가 없는 평야'라는 뜻이야. 긴 풀이 자라는 초원인 거지. 건조 기후의 스텝 기후 지역은 짧은 풀이, 열대 기후의 사바나 기후 지역은 긴 풀이 자라는 초원이야. 스텝 기후는 사막 기후 주변에 생긴다고 했지? 마찬가지로 사바나 기후 지역은 열대 우림 기후 지역을 둘러싸고 나타나.

야생 동물의 천국인 만큼, 그 동물들을 보러오는 관광산업이 발달했어. 사파리라고 하지.

농사를 짓는 사람도 있는데, 우리나라처럼 같은 논, 밭에 농사를 계속 짓지 않고, 돌아다니면서 농사를 지어. 초원이나 숲을 불태운 뒤, 그 땅에 농사를 짓는 화전식 농사를 주로 짓지. 또 풀이 잘 자라서 야생 동물이 많이 사는 곳인 만큼, 가축도 잘 키울 수 있어. 이동하며 화전식 농사를 짓는 것처럼, 가축도 풀을 찾아 이동하면서 키우는 유목이 발달했지.

최근에는 더운 날씨와 건조한 기후가 필요한 작물, 즉 커피와 목화, 사탕수수를 대규모로 농사짓는 플랜테이션 농업이 발달하고 있어.

쾨펜의 기후 구분 지도_ 사바나 기후(Am)

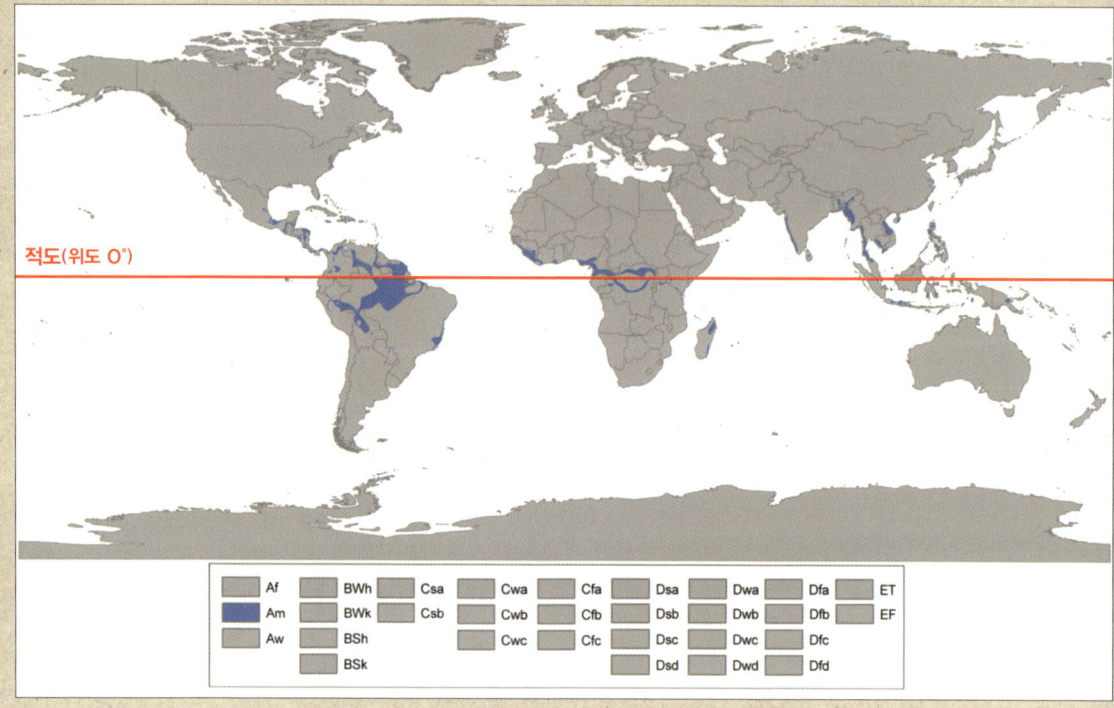

사바나 기후 지역 분포도
아프리카 중앙부, 남아메리카 오리노코 강 유역, 브라질 고원, 인도 동부, 오스트레일리아 북부

수염왕의 기후 노트

사바나는 열대 기후에 속한 초원이고, 스텝은 건조 기후에 속한 초원이다.
사바나는 긴 풀이 자라는 초원이라서, 야생 동물의 천국이다.
사바나는 건기와 우기가 뚜렷하게 구분되어서, 건기일 때는 야생 동물이 물을 찾아 대이동을 한다.
(사바나에서는 야생 동물을 구경하는 사파리가 발달했다. 사바나, 사파리… 헷갈린다.)

6
신들이 사는 곳, 히말라야를 오르다

-고산 기후(H)

"날씨 한번 좋다! 봄 날씨 같네."

수염왕은 푸른 하늘을 보며 흐뭇했어.

"봄 날씨, 봄은 이런 날씨군요."

"그렇지. 조아웅, 이 히말라야는 세계에서 가장 높은 산맥이야. 히말라야에 신이 산다고 믿는 사람도 있지."

"제가 사는 남아메리카에도 안데스 산맥이 있어요. 안데스 산맥 높은 곳에서, 잉카 문명이 발달했지요. 그런데 이 산에는 사람이 별로 안 사나 봐요."

"그러게. 그런데 네가 말한 잉카 문명이 '황금의 도시'로 유명한 그 잉카 문명이냐?"

"네."

조아웅이 고개를 끄덕였어.

수염왕과 조아웅은 히말라야 산맥에서 가장 높은, 아니 세계에서 가장 높은 봉우리 에베레스트 산을 오르고 있어. 안내하는 셰르파와 짐을 운반하는 포터와 함께였어.

"나무도 잎이 넓적한 나무가 많네. 단풍나무, 철쭉도 많고. 이곳은 온대 기후인가?"

수염왕이 주위의 숲을 보며 말했어. 전 세계의 다양한 기후 지역을 탐험했더니, 이제는 나무만 봐도 이 지역이 어떤 기후인지 알 수 있었어.

"날씨가 따뜻한데, 왜 두꺼운 옷을 준비하라는 거야?"

수염왕이 셰르파에게 물었어.

"위로 올라갈수록 추워집니다."

"에이 설마. 이제 나도 기후를 잘 안다고. 기후는 지구의 위도에 따라 달라져. 산 높이에 따라 달라지지 않아."

수염왕이 장담하자, 셰르파는 포기했다는 듯, 고개를 저으며 앞으로 걸어 나갔어.

"저, 저런, 고얀…. 저렇게 불친절한 안내인은 처음 보네."

"그러게요. 안내인의 생명은 친절인데…."

아마존에서 관광객 안내인을 하던 조아웅이 고개를 크게 저었어.

"수염왕 아저씨, 히말라야는 '눈의 집'이란 뜻이래요. 저길 보세요."

조아웅이 히말라야 꼭대기를 가리켰어. 하얀 고깔모자를 쓴 듯, 산정상은 하얀 눈에 덮여 있었어.

"흥. 저 불친절한 셰르파의 말이 맞나 보네."

"이곳에는 어떤 동식물이 살까요? 눈이 있으니까 북극처럼 곰, 여우, 순록이 살까요?"

"『꼬불꼬불나라의 기후』에서 보니까, 야크, 코끼리, 늑대, 산양, 영양, 여우 등이 산다더라."

수염왕과 조아웅은 주위를 둘러보며 걸었어.

"여기서 점심을 먹습니다."

넓은 평지가 나오자, 셰르파가 말했어. 포터가 각자의 접시에 점심을 나눠 줬어. 그런데 셰르파가 수염왕의 손가락을 유심히 보는 거야.

"반지는 빼십시오."

"흥. 이 반지는 아주 비싸고 소중한 거야. 절대, 절대 뺄 수 없어."

수염왕은 콧방귀를 뀌었어. 속으로는 셰르파에게 의심을 품기

도 했지.

'내 반지를 훔치려는 건 아닐까?'

수염왕과 조아웅은 얼굴과 목에 자외선 차단제를 듬뿍 덧바르고 선글라스와 챙 넓은 모자를 쓰고, 목에는 수건을 둘렀어. 높은 곳은 그만큼 해와 가까우니까 자외선도 강하거든.

간단하게 점심을 먹고, 일행은 다시 히말라야를 올랐어. 작은 비행기를 타고 히말라야 중턱에 내린 뒤, 3일 동안 계속 산을 올랐어. 높이 올라갈수록 아열대 나무들이 줄어들더니, 다양한 참나무가 보였어. 곳곳에 작은 폭포가 숨어 있고 철쭉꽃이 핀 산길은 아름다웠지.

'이 맛에 힘들게 산에 오르나?'

수염왕은 생각했어.

"앗! 저길 보세요, 저기! 개가 있어요. 히말라야 산개인가?"

조아웅이 높은 참나무 밑에서, 일행을 노려보고 있는 동물을 가리켰어. 나무가 아파트 5층만큼이나 키가 커서, 그 동물은 더 작아 보였어.

"조아웅, 저 동물은 늑대야. 개가 아니야! 물론 북극에서 본 썰매 개랑 비슷하게는 생겼지만."

히말라야의 표범

수염왕이 고개를 저었어.

"너는 언제쯤 개와 늑대, 여우를 구분할 수 있을까?"

그런데 앞서 가던 셰르파가 수염왕의 말을 들었는지, 한마디 툭 던졌어.

"표범입니다. 늑대, 아닙니다. 저도 아주 오랜만에 봅니다."

"뭐? 표범? 멸종위기에 처한 표범? 허, 히말라야에 표범이 산다? 호, 동물의 천국인 아프리카의 사바나에서도 표범을 못 봤는데, 여기서 표범을 보다니."

수염왕은 황급히 망원경으로 표범을 봤어. 정말 멋진 무늬가 있는 표범이었어. 표범은 수염왕의 관심이 귀찮았는지, 훌쩍 나무 위로 뛰어 올라가서 큰 나뭇가지에 걸쳐 앉았어.

'킬리만자로의 표범은 들어봤지만, 히말라야의 표범이라니… 이곳은 정말 대단한데?'

일행은 다시 묵묵히 히말라야 에베레스트를 올랐어. 다음 날도 걸었어. 눈 덮인 에베레스트 꼭대기에 조금 더 가까워질 때까지 침엽수림이 빽빽하게 자란 산길을 계속 올라갔어.

"점점 서늘해지는데?"

수염왕이 점퍼의 지퍼를 목까지 잠갔어.

"조아웅, 안 춥…. 앗, 너 괜찮으냐?"

수염왕이 조아웅의 얼굴을 보고는 깜짝 놀랐어. 조아웅의 얼굴이 수박처럼 퉁퉁 부은 거야.

곧장, 셰르파가 다가왔어. 조아웅은 얼굴뿐 아니라 손발까지 터질 듯 부었어.

일행은 근처 바위에 앉아 잠깐 쉬기로 했어. 수염왕의 손거울로 자기 얼굴을 확인한 조아웅은 안절부절못했어. 그러더니, 갑자기 얼굴이 하얗게 질리고 숨을 쉬는 것조차 어려워했어.

"이 마스크를 코에 대고 숨을 들이마셔요."

셰르파가 휴대용 산소마스크를 조아웅의 귀에 걸어줬어. 조아웅은 두 손으로 마스크를 얼굴에 꼭 붙인 채, 깊이 숨을 들이마셨어. 조아웅이 힘들어하자, 수염왕은 마음이 아팠어. 그래서 조아웅의 팔다리를 주물러줬어. 그런데 수염왕도 반지를 낀 손가락이 부어서 비엔나소시지처럼 양쪽으로 터질 듯했어. 수염왕이 놀라서 반지 빼려고 했지만, 반지는 빠지지 않았어. 반지를 낀 손가락은 피가 통하지 않자 하얗게, 다시 검게 변했어.

"잘라야 합니다."

"뭐? 내 손가락을 자른다고?"

셰르파의 말에 수염왕이 기겁을 하며 손가락을 숨기려 했어. 하지만 셰르파가 더 빨랐어. 철컥, 셰르파가 절단기로 수염왕의 반지를 절단했어.

"휴, 살았다."라는 안도감도 잠시, 수염왕은 잘린 반지를 보자 속상했어. 꼬불꼬불나라의 왕 자리에서 쫓겨났을 때, 수염왕에게 남은 유일한 재산이 이 반지였어. 이 반지를 팔아서 수염왕은 장사를 시작했고, 지금은 왕수염회사의 사장까지 되었지. 돈을 벌자, 수염왕은 당장 이 반지를 다시 샀지.

하지만 반지 때문에 속상할 때가 아니었어. 조아웅이 밥도 못 먹고, 구역질까지 했어. 머리가 아프다고 하소연했어. 고산병에 걸린 게 분명했어. 결국 조아웅은 포터와 함께 산에서 내려갔어.

"산 아랫마을에서 푹 쉬고 있어. 이 수염왕 님이 네 몫까지 열심히 걸어서, 반드시 에베레스트 산을 정복할 테니."

"조심하세요, 수염왕 아저씨. 함께 못 가서 죄송해요."

수염왕과 조아웅은 눈물을 흘리며 헤어졌어. 그리고 수염왕은 셰르파와 함께, 다시 에베레스트를 올랐어. 포터가 지던 짐을 두 사람이 나눠 져서 더 힘들었어. 수염왕은 말수가 줄어들었어. 높이 올라갈수록 산소가 부족해서 숨을 쉬기 어려웠어. 기온은 더 내려가서 두툼한 점퍼로 갈아입어야 했지. 발을 들어 걸음을 내딛는 것도 힘들었어. 수염왕은 땅만 보며, 천천히 걸음을 옮겼어.

'투다닥' 하는 소리에 고개를 들어 보니, 영양 두 마리가 바위산을 뛰어오르는 게 보였어. 어느덧, 하늘을 찌를 듯 솟은 침엽수들은 보이지 않았어. 대신 작은 나무와 풀이 자라고 있었어.

수염왕은 천천히 주위를 둘러봤어. 키 작은 나무와 보라색, 노란색 꽃이 듬성듬성 자라는 산. 눈앞을 가로막는 것이 아무것도 없는 이 높은 산에서 수염왕은 가슴이 뻥 뚫렸어. 솔직히 '두메 탐

힘'을 하겠다고 히말라야, 그것도 가장 높은 에베레스트를 오르고 있지만, 오늘은 너무 힘들었어. 산을 오를수록 기온이 내려가고, 아침과 저녁에도 오리털 점퍼를 입어야 할 만큼 기온이 오르락내리락했어. 낮에는 자외선 차단제를 발라도 얼굴이 새까맣게 탈 만큼 햇볕이 따갑고, 눈이 부셨어. 산소도 더 줄어서 숨을 쉬기도 어렵고 걷는 것도 힘이 들었지.

"왼발, 오른발, 왼발, 오른발…."

수염왕은 한 걸음 한 걸음에 구령을 붙이며 천천히, 하지만 쉬지 않고 산을 올랐어.

"에베레스트 꼭대기까지 올라갈 거야. 평범한 사람들보다 더 높이 올라갈 거야, 나는 수염왕이니까!"

수염왕은 온 힘을 다했어. 태어나서 이렇게 열심히 한 일이 없어. 이렇게 힘든 일도 없었지.

"왼발, 오른발…."

셰르파가 수염왕에게 물병을 건넸어.

"고산에서는 숨을 쉬는 것만으로도, 평지에서 뛰어다니는 만큼 땀이 증발합니다. 자주 물을 마시십시오."

수염왕은 천천히 물을 마셨어. 그냥 아무 맛도 없는 물이지만,

다시 높은 에베레스트를 오를 기운을 줬어.

왼발, 오른발, 왼발…. 수염왕은 다시 자신에게 속삭이듯 구령을 붙이며 산을 올랐어.

"여기가 해발 6,000m쯤 됩니다."

셰르파가 말했어.

땅만 보고 겨우겨우 한 걸음씩 걸음을 옮겼던 수염왕은 그제야 멈춰 섰어.

"등반 장비를 철저히 갖춘 전문가라면 몰라도, 더 올라가는 건 무리예요. 하지만 여기까지 올라온 것도 대단한 겁니다."

수염왕은 주위를 둘러보았어. 여전히 에베레스트 정상은 한참이나 남았고, 지금 있는 곳보다 더 높은 다른 산봉우리도 많았지. 하지만 그동안 수염왕이 한 걸음씩 직접 땅을 딛고 올라온 산 아래도 아주 깊었어.

숨이 턱까지 차고, 다리는 코끼리 다리처럼 무거웠어. 그런데도 히말라야는 참 아름답게만 보였어.

"저곳에는 분명히 신이 살고 있을 거야."

수염왕은 중얼거렸어. 히말라야를 높이 오를수록 더 잘난 척을 할 수 있을 것 같았는데, 이상하게도 더 겸손해지는 것 같았어.

"그래. 저곳은 신이 사는 곳이니, 나는 여기까지, 여기까지 올라온 것으로 충분해."

수염왕은 고개를 끄덕였어. 그러다 바위틈에 핀 노란 꽃을 발견하고는, 갑자기 웃음을 터뜨렸어. 이름도 모르는 작은 꽃이 그 높은 곳에서 활짝 꽃잎을 펼치고 있는 모습이 보기 좋았어.

'그래, 누가 인정해 주지 않으면 어때. 잘난 척하지 못하면 어때. 높고 높은 히말라야 바위틈에서, 혼자 저렇게 예쁘게 핀 꽃도 있는데….'

수염왕은 셰르파와 함께 점심을 먹었어. 과자와 햄 몇 조각, 하지만 셰르파가 끓여 준 따뜻한 차는 참 향긋하고 맛있었어.

"자, 이제 내려가자고."

수염왕은 다시 한 번, 눈 고깔모자를 쓴 에베레스트 정상을 바라봤어. 그러고는 조아웅이 기다리는 산 아랫마을을 향해 발걸음을 옮겼어.

> 히말라야가 '눈의 집'이라는 뜻이래요. 왜 히말라야 꼭대기에는 항상 눈이 쌓여 있죠?

　히말라야는 세계에서 가장 높은 산맥이야. 해발 7,300m보다 높은 봉우리가 30여 개나 있지. 그래서 히말라야를 세계의 지붕이라고도 불러.
　이렇게 높은 지역은, 낮은 지역과 기후가 많이 달라. 일반적으로 적도를 기준으로, 위도가 높아질수록 점점 시원해져서 북극과 남극 끝은 눈과 얼음이 뒤덮인 추운 기후가 되는데, 히말라야 같은 높은 산은, 높이에 따라 기후가 바뀌지. 이런 기후를 고산 기후(H)라고 해. 높이 올라갈수록 기온이 점점 내려가서, 산의 꼭대기, 정상에는 1년 내내 눈이 녹지 않고 쌓여 있는 만년설이 있어.
　산의 높이에 따라 기온이 바뀌듯, 높이에 따라 그곳에 사는 식물의 종류도 달라져. 높이가 낮은 곳에서는 잎이 넓고 1년 내내 푸른 나무(상록활엽수)가 자라고, 더 높은 곳에서는 잎이 넓지만 가을에 단풍이 들고 낙엽으로 떨어지는 나무(낙엽활엽수)와 바늘처럼 잎이 뾰족한 나무(침엽수)가 함께 자라. 더 높은 곳에는 잎이 뾰족한 나무만 자라지. 더 높은 곳에는 기온이 낮고 바람도 세서 나무가 자라기 어려워. 그래서 키 작은 나무와 풀이 자라고, 더 높은 곳에서는 작은 풀과 이끼만 자라지. 다른 기후 지역

고산 기후의 나무 종류

에서는, 적도에서 시작해서 남극과 북극으로 올라갈수록, 즉 위도가 높아질수록 나무의 종류(식생)가 달라져. 그에 반해, 고산 기후는 산 하나에서 높이에 따라 나무의 종류가 달라지는 거야.

더운 날에도 산에 올라가면 바람이 시원하지? 또 높은 산봉우리가 구름이나 안개에 싸여 있는 것도 흔히 볼 수 있고. 고산 기후는 구름과 안개가 자주 끼고 바람도 세지. 높은 산은 햇볕도 강하고 자외선도 강해서 고산 기후 지역에 사는 사람, 히말라야가 있는 네팔과 티베트 사람과 안데스 산맥에 사는 사람의 피부색이 어두운 것도 높은 산에는 햇볕이 강하게 내리쬐서라고 해.

조아웅이 안데스 산맥에 잉카 문명이 발달했다고 했어요. 높은 산은 춥고 산소도 부족한 고산 기후라 사람이 살기 어렵잖아요. 어떻게 고대 문명이 발달할 수 있죠?

그래, 고산 기후 지역은 사람이 살기 힘든 곳이야. 산소가 부족해서 고산병에 걸리고, 높이 올라가면 바람이 세게 불고, 기온도 아주 낮지. 그런데 높은 산은 어디 있을까? 위도가 높은 곳에도, 낮은 곳에도 있지? 다시 말하면 열대 기후 지역에도 높은 산이 있고, 온대 기후나 냉대 기후, 건조 기후에도 높은 산이 있지.

그중에 열대 기후 지역에 있는 높은 산은 사람이 살기 좋은 곳이야. 남아메리카에 있는 안데스 산맥이 대표적이지. 안데스 산맥 주변은 아마존 같은 열대 우림 기후야. 너무 덥고 비가 많이 와서 습하지. 그런데 산은 높을수록 기온이 낮아지니, 산으로 올라가면 시원해. 온대, 냉대 기후와 비슷한 기후가 나타나는데, 열대 기후 지역 안에 있는 높은 산은 1년 내내 봄 날씨 같아서 사람이 살기 좋아.

안데스 산맥과 그 주변 지역에서는 아메리카 인디언이 이룩한 고대 문명이 발달했어. 이 문명을 안데스 문명이라고 하는데, 그중에서 잉카인이 발전시킨 잉카 문명이 가장 크게 발전했다고 해. 잉카 제국의 수도는 안데스 산, 해발 3,400m에 있는 쿠스코이고, 세계 7대 불가사의로 손꼽히는 마추픽추 역시 해발 2,550m인 산 정상에 세워졌지. 지금도 남아메리카에 있는 멕시코의 멕시코시티, 에콰도르의 키토, 콜롬비아의 보고타, 볼리비아의 라파스 같은 대도시는 높은 곳에 발달했어.

수염왕의 기후 노트

**고산 기후는 높이에 따라 나무의 종류, 즉 식생이 변한다.
산을 높이 올라갈수록 산소가 부족하고, 바람도 세지고, 기온도 낮아진다.
열대 기후에 있는 높은 산 중에는 봄 날씨처럼, 사람이 살기 좋은 기후가 나타나기도 한다.**

(마추픽추는 외계인이 만든 도시라고 의심할 만큼 놀라운 도시래.
그래서 세계 7대 불가사의라나?)

고산 기후(H) 지역

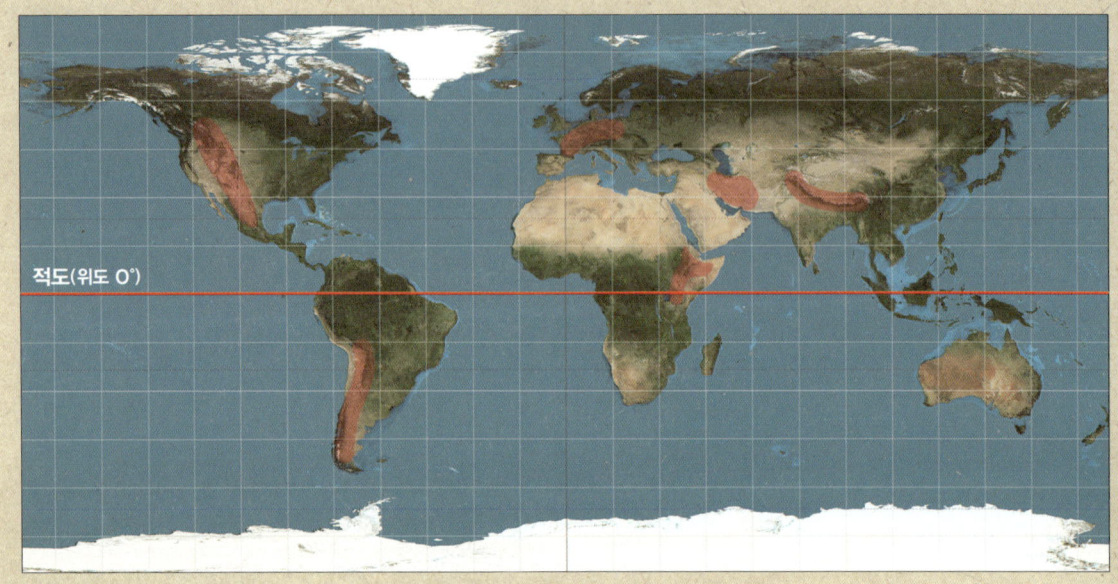

고산 기후 지역 분포도
히말라야 산맥, 안데스 산맥, 알프스 산맥, 이란 고원, 에티오피아 고원, 동아프리카 대지,
로키 산맥, 멕시코 고원 등

7

시베리아 횡단 열차를 타고

-냉대 기후(D)

"이봐, 승무원 양반! 시베리아 횡단 열차를 타면 시베리아 타이가를 볼 수 있다던데…. 진짜야?"

"그럼요. 아주 쉽게 볼 수 있습니다."

"그래? 시베리아 타이가, 시베리아 호랑이를 볼 수 있다 이거지? 조아웅, 나, 정말, 호랑이, 보고 싶다! 진정한 동물의 왕은 호랑이니까."

이렇게 해서 수염왕과 조아웅은 러시아 블라디보스토크에서 출발하는 시베리아 횡단 열차에 올랐어. 그런데 며칠을 달려도, 창밖으로 호랑이가 안 보이는 거야. 보이는 것은 빽빽하게 늘어선 침엽수림과 늪, 호수와 푸른 초원이 다였어.

"이봐, 승무원 양반! 시베리아 타이가는 언제 볼 수 있는 거야?"

"지금 창밖을 보세요. 타이가가 보일 겁니다."

"뭐? 이곳에 타이가가 있다고?"

수염왕은 승무원의 말에, 열차 창문에 얼굴을 딱 붙이고 밖을 살폈어. 하지만 빽빽하게 자란 침엽수림만 보이고 호랑이는 보이지 않았어.

"열차가 너무 빨리 달려서 안 보이는 거 아냐? 아님 저 바늘같이 뾰족뾰족한 나무에 가려져서 호랑이가 안 보이거나."

당장 호랑이를 볼 거라 기대했던 수염왕은 실망했어. 하지만 수염왕은 곧 기운을 차렸어. 좋은 계획이 떠올랐거든.

호랑이를 보려고, 수염왕은 승무원 몰래 조아웅과 함께 시베리아 횡단 열차의 중간역에서 내렸어.

"아, 따뜻하다."

"시베리아는 겨울에는 엄청 춥다던데…. 하긴 냉대 기후는 여름이랑 겨울의 기온 차이가 엄청나다니까요."

"그걸 유식하게는 '연교차가 크다.'고 표현하지. 크크크."

수염왕은 조아웅에게 으스댔어.

두 사람은 눈앞에 펼쳐진 어마어마하게 넓은 침엽수림으로 향해 걸었어. 푸른 풀밭과 얕은 호수처럼 보이는 늪 너머, 숲이 펼쳐져 있었어.

"믿기지 않게 시베리아의 여름 하늘이 맑구나."

"네. 믿기지 않을 정도로 모기가 많고요."

조아웅이 양팔을 휘두르며 달려드는 모기를 쫓았어. 시커먼 모기가 떼를 지어 두 사람에게 달려들었어. 공중에 둥둥 떠 있는 검은 그물처럼 모기떼가 두 사람을 감쌌지.

"아이쿠야! 조아웅, 저 숲으로 달려! 모기떼보다 빠르게…!"

두 사람은 팔을 휘둘러 모기를 쫓으며, 멀리 보이는 자작나무 숲으로 달려 들어갔어.

"휴, 여기까지는 고 괘씸한 모기들이 안 쫓아오는군. 아님 내가 그렇게 빨랐나?"

수염왕은 만능 연고를 꺼내 모기에 물린 곳에 발랐어. 금세 벌겋게 부었던 피부가 가라앉고 가렵지도 않았지.

"자, 너도 발라."

수염왕이 조아웅에게 만능 연고를 건넸어.

"이 만능 연고는 꼬불꼬불나라에서 대대로 왕만 발랐던 특별한 연고라고."

그런데도 조아웅은 대답은커녕, 연고를 받지도 않는 거야. 수염왕은 짜증이 나서, 조아웅을 돌아봤어.

"앗! 조아웅?"

조아웅이 없었어.

"조아웅! 조아웅! 어디 있니, 조아웅?"

수염왕은 조아웅을 찾아 숲을 헤맸어. 하지만 조앙웅은 그림자도 보이지 않았어. 수염왕은 털썩 바닥에 주저앉아 버렸어.

"이렇게 추운데, 여기서 뭐해?"

수염왕이 고개를 드니, 백발의 할머니가 앞에 서 있어. 왠지 소름이 돋았어. 그 할머니는 절구통을 타고, 손에는 긴 절굿공이를 쥐고 있었어. 그래도 몇 시간째 아무도 없는 숲을 헤맨 뒤라, 수염왕은 할머니가 반가웠어.

"조아웅을 찾고 있어요. 같이 이곳에 왔는데… 잃어버렸어요."

"저런! 쯧쯧!"

할머니가 혀를 찼어.

"그 아이를 찾는 것도 중요하지만 여기에 계속 있다간 얼어 죽어. 우선 내 집으로 가자고. 내일 다시 찾으면 되잖아. 내가 도와줄게."

"아닙니다. 저는 조아웅을 계속 찾을 거예요."

수염왕이 일어났어. 하지만 할머니는 수염왕을 말렸어.

"이봐. 곧 자정이라고."

"네? 자정, 0시요? 아직 어둡지도 않은데?"

"곧 시베리아의 백야가 시작되니까 그런 거야. 아, 그래. 조아웅이란 아이도 벌써 누군가에게 구조되었을 거야."

할머니의 말을 듣고 보니, 그 말이 맞는 것 같았어. 내가 이 할머니를 만났듯이, 조아웅도 도와줄 사람을 만났을 거야. 수염왕은 고개를 끄덕이고는 할머니를 따라나섰어.

할머니가 탄 절구는 참 신기했어. 공중에 살짝 떠서, 저 혼자 척척 앞으로 날아가는 거야. 방향을 바꿀 때는 할머니가 손에 든 절굿공이를 바닥에 꽂아 방향을 틀었어.

"할머니 그 절구, 참 신기하네요. 얼마예요? 저도 사고 싶어요."

"이건 살 수 없는 거야."

"에이, 살 수 없는 물건이 어디 있어요? 흠흠, 사실은 제가 어마어마한 부자입니다."

'쪼그만 녀석이 부자라면 얼마나 부자이려고?'

할머니는 수염왕 몰래 비웃었어.

20여 분쯤 숲을 걸어가니, 조금 전까지 보지 못했던 빈 공터가 나왔어. 누렇게 말라 버린 풀은 바람에 꺾여 바닥에 누웠고, 공터 가운데는 작은 오두막이 있었어. 그런데 이 오두막이 굉장히 신기했어. 울타리는 사람 다리뼈처럼 조각했고, 그 위에는 해골이 걸렸어. 더 신기한 건, 오두막을 아주 커다란 닭발 두 개가 떠받치고 있는 거야.

"자, 들어오게."

할머니는 수염왕을 오두막 안으로 이끌었어. 밖에서 봤을 땐 아주 작았는데, 안으로 들어오니 오두막은 무척 컸어. 수염왕이 오두막을 둘러보는 동안, 할머니가 저녁을 만들어 왔어.

"저 아이들은 손주인가요?"

수염왕이 벽에 걸린 아이들의 사진을 가리키며 물었어.

"그건 아니야. 하지만 아주 특별한 아이들이지. 자네처럼 말이지."

할머니는 수염왕의 통통한 몸을 보며, 미소 지었어.

"숲에서 헤매느라 피곤했을 거야. 얼른 자게."

할머니가 빨간 문의 방으로 수염왕을 안내했어.

"침대에 누워 봐. 정말 폭신폭신해. 순식간에 잠이 들 거야."

수염왕은 방 안을 둘러보았어. 인형과 그림책이 가득한 장식장이 있고, 침대도 어린이용 침대였어.

"아이 방이잖아."

수염왕은 새빨간 이불이 깔린 침대에 앉았어. 할머니의 말처럼 곧장 잠이 쏟아졌어. 하지만 수염왕은 고개를 저으며 일어났어. 수염왕은 조아웅을 찾아, 이 집 근처라도 둘러보고 싶었어. 그런데 문이 열리지 않는 거야.

수염왕은 문을 두드려 할머니를 불렀어. 그러자 방문 위쪽에 있는 창문이 열렸어.

"이상하네, 벌써 잠들었어야 하는데…."

할머니가 중얼거리는 소리가 들렸어.

"할머니, 문이 잠겼어요. 문 좀 열어 주세요."

"왜 아직 안 잤어? 아이는 일찍 자야해. 얼른 자!"

"전 조아웅을 찾아야 해요. 얼른 이 문 열어요."

"그건 안 돼! 넌 그곳에서 한 발짝도 나올 수 없어. 백야를 대비해서 내가 먹을 것을 비축해야 하거든. 케케켁."

할머니가 고개를 젖히고 웃자, 단 하나뿐인 이빨이 보였어. 누렇고 긴 이빨이 윗잇몸에 한가운데 삐죽 솟아 있었어. 그것을 보

자, 수염왕은 소름이 돋았어. 친절했던 할머니가 갑자기 무섭게 느껴졌지. 그리고 어렸을 적에 들었던 러시아 민담이 떠올랐어. '바바야가'라는, 어린아이를 잡아먹는다는 마귀할멈 이야기였어.

"저는 아이가 아니에요. 절대, 절대, 절대!"

하지만 바바야가는 수염왕의 말에 코웃음을 치고는, 콧노래를 흥얼거리며 가 버렸어.

"1,000번째 아이를 잡았어. 1,000번째 아이…. 케케켁."

수염왕은 온몸에 소름이 돋고 정신이 하나도 없었어.

"어쩌면 좋지? 어떻게 탈출할 수 있을까? 설마 조아웅까지 잡혀 오는 건 아니겠지? 아냐, 조아웅이 날 구하러 올지도 몰라."

수염왕은 방 안을 빙빙 돌며 고민하다, 현기증이 나서 침대에 앉았어. 그러자 이상하게도, 너무나 무서운데도 너무나 졸린 거야. 수염왕은 폭신폭신한 이불에 쓰러지듯 누워 잠이 들었어.

꼬르륵. 배 속 깊이 울리는 소리에, 수염왕이 잠에서 깼어. 마침, 문에 난 창문이 열리며 바바야가가 큰 호밀빵과 수프를 넣어 줬어.

"할머니, 어제도 말씀드렸지만, 저는 어른이에요. 통통하고 키

가 작고 엄청나게 귀엽지만 분명히 '성인 남성'이라고요."

"거짓말! 그동안 내가 수많은 아이를 잡아 왔지만, 자기가 어른이라고 우긴 아이는 네가 처음이야. 아주 새로워, 웃겨!"

바바야가는 하나뿐인 흉측한 이를 드러내며 웃다가, 창문을 닫아 버렸어.

"많이 먹고 기운을 차려야, 탈출할 수 있어. 옛말에 '호랑이 굴에 들어가도, 정신만 바짝 차리면 산다.'고 하잖아."

이런 생각을 하다, 수염왕은 큰 호밀빵을 껴안고 울음을 터뜨렸어. 호랑이를 보겠다고 열차에서 내리지만 않았어도 아무 일도 없었을 텐데. 조아웅은 무사할까?

울면서도 수염왕은 꾸역꾸역 빵을 입에 밀어 넣었어. 아침을 다 먹자, 어느새 바바야가가 뒤에 서 있었어.

"나도 밥 먹을 시간이야! 케케켁."

"으악! 이건 너무 빠르잖아요. 그리고 전 분명, 반드시, 꼭 어른이라고요."

"증거를 보여 줘!"

"증거라뇨? 저 자체가 증거예요. 딱 봐도 '성인 남성'이잖아요?"

"아냐! 넌 아이야!"

바바야가가 단호하게 고개를 저었어.

수염왕은 안절부절못하며 습관적으로 팔자수염을 꼬았어.

"아! 이거, 이거예요. 이 팔자수염이 제가 어른이란 증거예요."

바바야가는 시큰둥하게, 수염왕의 얼굴을 살폈어. 그러더니 얼굴이 하얗게 질리며 수염왕의 팔자수염을 뽑을 듯 잡아당겼어.

"으악! 아파요!"

"이럴 리가, 이럴 리가, 이럴 리가…!"

바바야가는 두 손으로 머리를 감싼 채 고개를 저었어. 그리고 주춤주춤 뒤로 물러났어.

"이건 아냐! 수천 년 동안, 난 실수한 적이 없어! 팔자수염 따위는 본 적도 없다고!"

바바야가가 당황한 틈을 타서, 수염왕은 잽싸게 방을 뛰쳐나왔어. 그리고 닭발로 서 있는 오두막과 뼈로 만든 울타리까지 단숨에 빠져나왔지. 수염왕은 뒤도 안 돌아보고 숲으로 도망쳤어. 숨이 턱에 찰 때까지 달리다, 자작나무에 기대서 잠시 숨을 골랐어.

쿠우웅 쿠우웅 쿠우웅.

땅이 울리는 큰 소리가 들려서, 수염왕은 뒤를 돌아봤어. 수염왕을 향해, 바바야가의 오두막이 엄청난 속도로 달려오고 있었어.

열린 창문에선 바바야가가 무시무시한 얼굴로 소리를 질렀지.

"아이 같은 몸으로 나를 속여? 널 가만두지 않겠다!"

수염왕은 얼어 버렸어. 점점 바바야가의 오두막이 다가오고 있었어.

"안 돼!"

수염왕이 비명을 지르며 양팔을 사방으로 휘저었어.

"무슨 일이에요? 괜찮으세요, 수염왕 아저씨?"

조아웅이 옆에서 수염왕의 팔을 잡았어. 그리고 수염왕의 입가에 흘러내린 침을 닦아 주었어.

수염왕이 주위를 둘러보니, 시베리아 횡단 열차 안이야.

"꿈을 꾸셨나 봐요. 그러니까 너무 오래 주무시지 마세요. 바깥 풍경도 구경하시고요. 저 멋진 시베리아 타이가도 좀 보시라고요."

"뭐? 시베리아 타이가? 시베리아 호랑이?"

"타이가요, 냉대 침엽수림! 호랑이는 타이거!"

조아웅의 설명에 수염왕은 멍하니 입을 벌린 채, 눈만 껌벅였어.

수염왕은 "타이가, 타이거!"라고 중얼거리더니, 갑자기 웃어 댔어.

"그래, 타이가, 타이가! 크하하하! 냉대 침엽수림 타이가! 크하하하."

시베리아 횡단 열차는 미친 듯이 웃고 있는 수염왕을 태운 채, 모스크바를 향해 달렸어.

> 기사에서 본 건데요, 사람이 사는 곳 중에서 가장 추운 곳이 시베리아래요. 1926년에 영하 71.2℃까지 내려갔다고요. 그런데 수염왕은 시베리아를 지나는 열차에서 내리더니 '따뜻하다'고 하네요?

친구가 기사에서 본 대로, 시베리아는 아주아주 추운 곳이야. 우리나라가 겨울일 때, 시베리아에서 차가운 공기가 들어와서 더 추워질 정도지. 그런데 시베리아는 냉대 기후 지역이야. 남극, 북극보다 적도에 더 가까운 곳에 있지.

냉대 기후는 온대 기후와 한대 기후 사이에 있어. 위도가 60°보다 높은 고위도에 있어서, 한대 기후 지역과 마찬가지로 냉대 기후 지역에도 신비한 자연 현상이 나타나지. 여름에는 해가 지지 않는 백야, 겨울에는 해가 뜨지 않는 극야가 생기지. 또 밤하늘에는 형형색색의 아름다운 오로라가 나타나고.

참, 친구가 시베리아가 따뜻하냐고 물었지? 시베리아가 속한 냉대 기후에도 짧은 여름이 있어. 물론 엄청나게 추운 겨울이 훨씬 길지. 냉대 기후는 가장 따뜻한 한 달 동안의 평균기온이 10℃보다 높아. 따뜻할 때는 30℃ 가까이 기온이 올라가기도 해. 가장 추운 한 달 동안의 평균기온은 영하 3℃보다 낮지. 가장 따뜻한 달의 평균기온이 10℃보다 높고, 가장 기온이 낮은 달의 평균기온이 영하 3℃보다 낮다지만, 여름에는 30℃ 가까이 기온이 올라가고, 한겨울에는 영하 70℃까지 추워지는 곳도 있어. 그래서 냉대 기후는 가장 따뜻한 달과 가장 추운 달의 기온차(연교차)가 가장 큰 기후야.

흔히 우리나라를 사계절이 뚜렷한 온대 기후라고만 알고 있는데, 서울과 북쪽 지역은 냉대 기후란다.

> 냉대 기후가 그렇게 추운데 나무가 살 수 있나요?
> 거대한 침엽수 숲이 있다니 신기해요.

와, 굉장히 날카로운 질문인데! 사실은 선생님도 그 점이 신기했어. 북유럽이나 러시아 같은 냉대 기후 지역을 배경으로 찍은 영화를 보면, 앞이 보이지 않을 정도로 눈이 내리고 또 눈이 많이 쌓이는 곳인데 울창한 침엽수 숲이 버티고 있더라고. 그런데 '기후'를 공부하면서 이 궁금증이 풀렸지.

나무가 자라는 조건이 있어. 친구도 알 거야. '수목 성장 한계선' 말이야. 수목 성장 한계선을 결정하는 것은 바로 '가장 기온이 따뜻한 달의 기온'이야. 1년 중에 한 달이라도, 영상 10℃보다 높은 곳에서는 나무가 자랄 수 있는 거지. 나무의 생명력은 참 대단하지?

그래서 냉대 기후에도 나무가 자랄 수 있어. 소나무, 전나무, 가문비나무 같은 잎이 뾰족한 침엽수가 자라는데 타이가 숲은 아주 넓지만, 그곳에서 자라는 나무의 종류는 단순해. 추위에 견딜 수 있는 나무만 자라니까.

타이가에선 임업이 발달했어. 타이가에 있는 나무들이 거의 같은 종류라서, 자르기 편하고, 자른 나무를 옮기기도 편해. 여러 종류의 나무

다양한 모양을 한 침엽수 잎

가 있다면 필요한 나무만 골라서 자르고, 자른 나무를 다른 나무들 사이로 운반하기 어렵잖아. 또 침엽수는 나무가 물러서 가공하기 쉬워. 주로 종이의 재료인 펄프를 만들지.

냉대 기후 역시 위도가 높은 곳과 낮은 곳은 기후 차이가 있어. 위도가 낮은 곳이 덜 춥지. 그래서 냉대 기후 지역 중에 위도가 낮은 곳, 우리나라 같은 곳에는 침엽수와 잎이 넓적한 활엽수가 함께 자라.

참, 적도를 중심으로 북반구와 남반구는 똑같은 기후대가 나타난다고 했지? 그런데 냉대 기후는 북반구에만 나타나. 북반구에서 냉대 기후가 나타나는 지역이 육지지만, 남반구에서는 같은 위도인 곳에 바다만 있기 때문이지.

수염왕의 기후 노트

냉대 기후는 가장 추운 달의 평균 기온이 영하 3℃보다 낮은 기후이다.
냉대 기후의 특징은 연교차가 가장 큰 기후라는 것이다.
냉대 기후에는 거대한 침엽수림이 나타나는데, 타이가라고 부른다.
(타이가란 이름 바꿔! 타이거와 헷갈려서 죽을 뻔했잖아, 비록 꿈이었지만 말이야.)

쾨펜의 기후 구분 지도_냉대 기후(D)

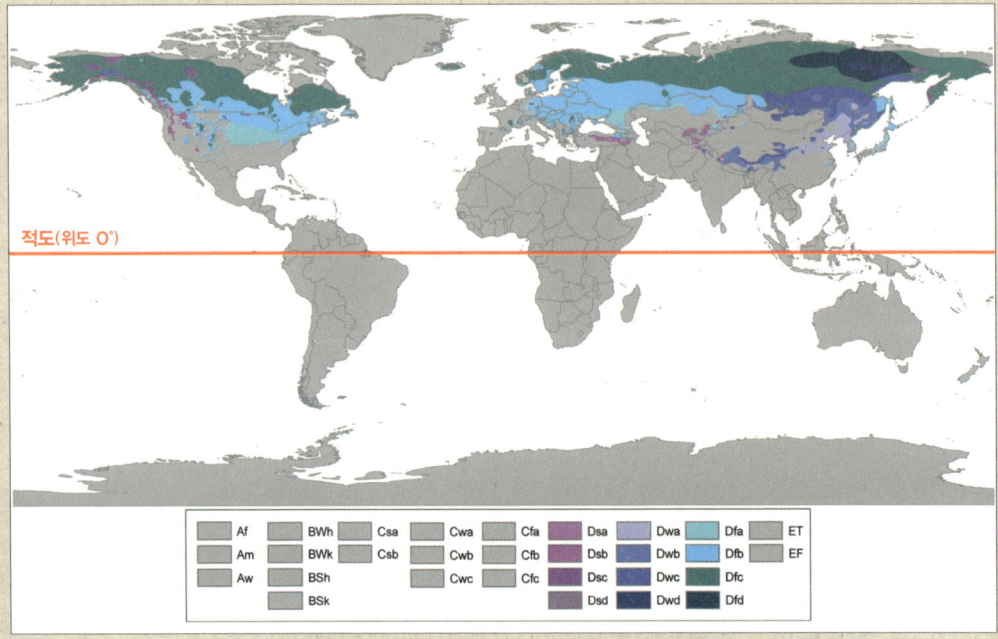

기본 기후대	세부 기후대	표기	특징
D 냉대 기후	냉대 습윤 기후	Dfa	추운 겨울, 더운 여름, 건조기 없음
		Dfb	추운 겨울, 따뜻한 여름, 건조기 없음
		Dfc	추운 겨울, 선선한 여름, 건조기 없음
		Dfd	몹시 추운 겨울, 선선한 여름, 건조기 없음
	냉대 동계 소우 기후	Dwa	춥고 건조한 겨울, 더운 여름
		Dwb	춥고 건조한 겨울, 따뜻한 여름
		Dwc	춥고 건조한 겨울, 선선한 여름
		Dwd	춥고 매우 건조한 겨울, 선선한 여름
	고지 지중해성 기후	Dsa	추운 겨울, 덥고 건조한 여름
		Dsb	추운 겨울, 따뜻하고 건조한 여름
		Dsc	추운 겨울, 선선하고 건조한 여름
		Dsd	몹시 추운 겨울, 선선하고 건조한 여름

냉대 기후 지역 분포도
한국 일부, 중국 일부, 러시아의 북부, 스칸디나비아반도, 시베리아의 극동 지역,
미국 오대호 연안, 그레이트플레인스 동쪽 기슭, 알래스카, 캐나다 일부

8

사람이 많이 많이 사는 곳

_ 온대 기후(C)

"우와!"

"정말 엄청나요!"

수염왕과 조아웅은 뉴욕의 맨해튼 거리를 걸으며, 연신 감탄사를 내뱉었어.

"이 건물들을 보세요. 열대 우림 기후의 밀림이랑, 냉대 기후의 타이가에는 나무가 빽빽하게 자라는데, 이곳에는 건물이 빽빽하게 자라요."

조아웅이 사방에 꽉 차게 들어선 높은 건물들을 가리키며 신기해했어.

"수염왕 아저씨, 이곳에는 얼마나 많은 사람이 사는 걸까요? 여기 있는 건물 하나에도 저희 부족이랑 윗마을, 아랫마을 부족을 다 합친 것보다 사람이 훨씬 많아 보여요."

"그러게. 내 나라, 꼬불꼬불나라의 인구수보다도 많겠다."

수염왕도 고개를 끄덕였어.

"아이코!"

조아웅이 앞에서 걸어오는 사람을 피하려다, 뒷사람에게 밀리며 휘청거렸어.

"사람이 너무 많아서 움직이기도 힘드네요. 그런데 사람들은 왜 이곳에 몰려 살죠?"

"잠깐! 기다려 봐."

수염왕은 얼른 가방에서 『꼬불꼬불나라의 기후』를 꺼냈어. 그리고 마지막 장을 펼쳤지.

"사람이 살기 좋은 자연환경에는 몇 가지 조건이 있다. 첫째는 기후이다. 기온이 온화하고, 강수량은 곡식이 자라기에 적합해야 하며, 습도도 너무 습하지도, 건조하지도 않아야 한다. 둘째는 지형이다. 마실 물과 곡식을 키울 물을 주는 하천 근처가 좋고…."

수염왕이 책을 읽어내려 갔어.

"'그래서 온대 기후에 세계 인구의 절반 이상이 몰려 산다.'라는군. 뭐, 다 아는 얘기네."

"그렇군요. 히말라야처럼 춥고 산소가 부족한 곳도 아니고, 아

마존처럼 덥고 습하지도 않고, 북극처럼 얼음이 뒤덮이지도 않고, 또 사막처럼 건조하지도 않으니까요."

"그렇지. 이번에는 사람 구경이나 실컷 하자. 두메 탐험을 하는 동안 만난 사람을 다 합쳐도 지금 이곳에 있는 사람보다 적을 테니까."

두 사람은 아이스크림 트럭에서 초콜릿 아이스크림을 사서 발걸음이 닿는 대로 걸었어. 조금 걷다 보니, 건물들 사이에 나무가 우거진 공원이 보였지. 두 사람은 '센트럴파크'라고 적힌 공원 안으로 들어갔어.

공원은 굉장히 넓었어. 사람도 많았지. 잔디밭에 돗자리를 펴고 일광욕을 즐기는 사람, 자전거를 타는 사람, 호수에 모형 배를 띄우는 사람…. 두 사람도 나무 아래, 분홍색 체크무늬 돗자리를 펴고 누웠어.

"하늘이 참 높고 파래요."

"그렇구나. 햇살은 따뜻하고 바람은 시원하고."

두메 탐험을 시작한 뒤로, 정말 오랜만에 두 사람은 편하게 쉬었어. 슬그머니 졸음이 밀려왔지.

툭.

조아웅의 머리 위로 참나무 잎이 떨어졌어.

"어? 이것 보세요, 나뭇잎이 갈색이에요."

조아웅은 깜짝 놀라, 위를 쳐다봤어. 두 사람이 기대앉은 나무는, 갈색으로 물든 잎을 매단 대왕참나무였어.

"이 나무는 분명히 히말라야에서 본 나무예요. 그때는 초록색이었는데, 지금은 색이 변했어요. 와! 혹시, 나라에 따라 나뭇잎 색이 변하는 걸까요?"

수염왕은 조아웅의 말을 이해할 수 없었어. 계절에 따라 나뭇잎 색이 변하는 건, 당연한 거 아니야? 그러다 수염왕은 고개를 끄덕였어.

"그렇구나! 내가 사는 꼬불꼬불나라도 온대 기후라서, 가을에 나무에 단풍이 드는 건 당연한 일인데…. 하지만 열대 우림에서 사는 너에겐 이상한 현상일 수도 있겠다."

"나뭇잎의 색이 변하는 게, 이상하지 않아요?"

"응. 그건, 음, 그건 계절이 바뀌기 때문이야."

"계절이 바뀐다고요?"

"그럼. 자, 주변을 둘러봐. 다양한 색깔의 나뭇잎이 보이지?"

수염왕의 말대로, 노랗게 단풍이 든 은행나무, 붉게 물든 단풍

나무와 노랗게 물든 단풍나무, 갈색 단풍이 든 참나무와 플라타너스 등이 센트럴파크를 울긋불긋 물들이고 있었어. 바람이 불 때면, 살랑살랑 낙엽이 날렸지.

"이렇게 곱게 단풍이 든 나무도, 봄과 여름에는 연두색과 초록색이었어. 가을이라 나무가 본래 가지고 있던 색이 나뭇잎 바깥으로 드러나서 다양한 색으로 보이는 거야. 겨울이 되기 전, 단풍 든 나뭇잎은 낙엽이 질 거야."

수염왕이 모처럼 친절하고 자세하게, 조아웅에게 설명했어.

"아참. 낙엽이란, 나뭇잎이 나무에서 떨어지는 걸 말해."

"세계에는 다양한 기후가 있고, 그 기후에 맞는 나무가 자라는군요. 신기해요."

"나도 직접 탐험하며 깨달은 게 참 많다. 자연환경이 얼마나 사람에게 크게 영향을 주는지 알게 되었지."

수염왕은 그동안의 탐험을 떠올렸어.

"이누이트 족이 피가 묻은 마딱(고래 가죽)을 먹고, 뜨거운 사막에 사는 사람들이 온몸을 옷으로 가리고 다니는 것이 다, 자연환경 때문이잖니?"

"네. 저는 아저씨 덕분에 세계를 탐험하며 많은 걸 알게 되었어

요."

"황제펭귄을 못 보여 준 건, 유감이다. 난 진짜 북극에 펭귄이 사는 줄 알았다니까."

"풋, 대신 북극곰을 봤잖아요."

"그렇게 말해 주니, 고맙다."

"그동안은 사람이 살기 힘든 세계의 두메를 탐험했잖아요? 그런데 이곳은 사람이 살기 좋은 곳이라 '두메 탐험'이란 주제랑은 안 맞는 것 같아요."

"크크크. 그렇지? 하지만 내가 누구냐? 수염왕이지. 나, 수염왕은 의지가 다이아몬드처럼 단단한 사람이야."

"그게 무슨 말이에요?"

"크큭! 내 말은, 이곳에서도 '두메 탐험'을 할 거란 소리지."

"여기도 두메가 있어요?"

"난 두메 탐험만큼 엄청난 도전을 할 거야. 그것은 바로, 바로, 요거!"

수염왕은 전단지 한 장을 조아웅에게 보여 줬어.

"엠파이어스테이트 계단 오르기 대회…?"

조아웅이 전단지를 읽는 동안, 수염왕이 덧붙였어.

"난 꼬불꼬불나라를 떠나면서부터 이 모험을 준비했다! 나 수염왕은 도전하는 사람! 내 두 다리로 직접, 엠파이어스테이트를 오르겠다!"

수염왕은 두 손을 불끈 쥐고, 결의에 차서 외쳤어.

"86층까지 올라간다고요? 그렇게 높은 건물이 있다고요?"

"조아웅!"

"네?"

"그렇게 높은 건물이 있다는 게 중요한 게 아니라, 계단으로 올라간다는 게 중요하지 않니? 그것도 내가!"

"아, 그런가요? 아, 그렇군요!"

조아웅이 크게 고개를 끄덕였어.

"그리고 대회는 86층까지 올라가는 거지만, 실제로 엠파이어스테이트 건물은 102층까지 있단다."

수염왕은 자리에서 일어났어.

"자, 가자. 수염왕의 마지막 도전을 시작해야지."

두 사람은 공원을 나와, 엠파이어스테이트 건물을 향해 천천히 걸었어.

"우와아!"

"옴마야!"

수염왕과 조아웅은 엠파이어스테이트 건물을 올려다보며 입을 다물지 못했어. 고개를 최대한 뒤로 젖혀서 올려다봐도, 꼭대기 층은 아예 보이지도 않았지.

"이렇게 높은 건물은 처음 봐요."

"나도!"

수염왕은 고개를 끄덕였어. 그리고 다시 엠파이어스테이트 꼭대기를 보려고 허리와 고개를 최대로 뒤로 기울였어. 하지만 여전히 보이지 않았어.

"쳇, 허리만 아프네. 아냐, 목도 아파!"

수염왕이 허리를 톡톡 두드리며 투덜거렸어.

건물 안으로 들어가니, 계단 오르기 대회에 참가할 도전자들이 준비 운동을 하며, 출발 신호를 기다리고 있었어.

"수염왕 아저씨, 이번 도전은 많이 힘들 거 같아요. 그냥 엘리베이터로 올라가면 안 될까요?"

"조아웅! 나, 수염왕은 세계의 두메를 정복한 사람이야. 이까짓 86층 계단쯤, 아무것도 아니다."

수염왕은 깊게 숨을 들이마시고 천천히 내쉬었어.

"자넨 엘리베이터를 타고 86층에 가서 기다리게."

"아니에요. 저도 끝까지, 수염왕 아저씨와 함께 도전할 거예요."

"진짜? 큭, 고맙다! 좋아, 이제 출발!"

두 사람은 한 계단, 한 계단, 엠파이어스테이트 계단을 올라갔어. 다른 도전자들이 두 사람을 앞질러 갔지만, 두 사람은 그런 것쯤 신경 쓰지 않았지. 꼭 1등을 해야, 도전에 성공하는 건 아니니까. 16층까지 올라가자, 숨이 턱까지 찼어.

"이, 이, 이쯤이야 아무것도 아니지. 우린 히말라야도 올랐다고. 헉헉."

두 사람은 다시 계단을 올랐어. 점점 걸음이 느려지고 얼굴이 벌겋게 달아오르고 심장은 터질 것처럼 쿵쾅거리며 뛰었어. 땀이 비 오듯 쏟아지고, 구역질이 났어. 당장 쓰러질 것 같았지. 그래도 두 사람은 한 걸음, 한 걸음씩 계단을 올랐어. 86층까지 천천히, 하지만 포기하지 않고 계단을 올랐어. 수염왕의 두메 탐험, 아니 마지막 도전이 한 계단씩 끝나가고 있었어.

와, 온대 기후 지역에 세계인의 절반 이상이 산다고요?

앞에서 수염왕이 말한 대로, 사람이 사는 데는 자연환경이 아주 중요해. 기온이 온화하고, 강수량은 곡식이 자라기에 적합할 만큼 많아야 하고, 습도도 알맞아야 하지. 지형도 중요해. 높은 산꼭대기나 좁고 험한 골짜기 같은 곳보다는, 마실 물과 곡식을 키울 물을 주는 하천 근처의 평지가 좋지. 이렇게 살기 좋은 곳에 사람이 몰려 사는 건 당연하겠지?

사람이 많이 사는 지역은 온대 기후야. 전 세계 인구의 절반 이상이 온대 기후에 살지. 뉴욕, 런던, 도쿄처럼, 세계에서 경제가 발달한 도시도 대부분 온대 기후 지역에 있어.

온대 기후는 가장 추운 달의 평균 기온이 영상 18℃~영하 3℃여서 겨울에는 추워. 하지만 더운 여름이 있고, 그 사이에 시원한 봄, 가을이 있는 사계절이 뚜렷한 기후란다. 강수량도 비교적 많아서 농사를 짓기에도 좋지.

계절의 변화가 뚜렷해서 각 계절에 맞춰서 동식물이 살아가지. 겨울잠을 자는 동물도 있고, 추운 겨울을 피해 따뜻한 남쪽으로 내려가는 철새도 있어. 식물도 봄, 여름을 지나 가을이 되면 왕성하게 자라던 속도

센트럴 파크에 단풍이 든 모습

위에서 내려다본 센트럴 파크. 센트럴 파크는 미국 뉴욕 주 맨해튼에 있는 공원이다.

를 늦춰. 광합성을 할 필요가 없어지니까 엽록소는 필요가 없어지지. 그래서 녹색이던 나뭇잎은 본래의 자기 색으로 되돌아가서 노랑, 빨강, 갈색의 잎으로 단풍이 들지. 그마저도 더 추워지면 잎을 떨어뜨려. 사람도 봄부터 농사를 지어서 가을에 수확하고, 겨울에는 쉬면서 다음 해 농사를 준비하지. 하지만 온대 기후 지역 중에서도 인구가 밀집한 대도시에는 농업 대신 다양한 공업, 상업과 서비스업이 발달했어.

온대 기후는 사계절이 뚜렷하게 나타난다고 했어요. 그런데 계절은 왜 바뀌는 건가요?

온대 기후는 중위도 주변에 나타나는데, 여름에는 적도 근처 태평양에서 더운 바람이 불어오지. 그래서 덥고 비가 많이 내려. 겨울에는 시베리아 대륙에서 차가운 바람이 불어와 춥고 건조하고. 계절에 따라 부는 바람이 다른 거야. 이렇게 계절에 따라 방향이 바뀌는 바람을 계절풍이라고 해.

그런데 왜 여름에는 적도 주변의 태평양에서 바람이 불고, 겨울에는 시베리아에서 바람이 불어올까? 그 이유는 육지와 바다는 온도가 서로 다르기 때문이야. 같은 양의 햇볕을 받아도, 육지는 더 빨리 더워져. 햇볕을 받지 않을 때는 더 빨리 식지. 그래서 바다와 육지의 온도는 서로 차이가 생기는 거야. 온도의 차이가 생기면 공기는 움직여. 공기가 움직이는 것을 바람이라고 하지? 바람은 온도가 낮은 곳에서 온도가 높은 곳으로 불지.

그런데 햇볕의 양이 적어져서 추워지는 겨울은 바다보다 육지가 더 빨리 온도가 낮아져. 그렇기 때문에 육지에서 바다로 바람이 불어. 여름에는 바다가 육지보다 더 늦게 더워지니까 바다에서 육지로 바람이 불지.

그럼, 우리나라는 어떤 기후일까? 사계절이 뚜렷하다고 하니, 온대 기후일까? 우리나라 영토는 남북으로 길게 뻗어 있어서 같은 나라여도 위도의 차이가 커. 그래서 제주도는 열대 기후에 가깝고, 서울과 그 북쪽 지역은 냉대 기후, 그 외의 지역은 온대 기후야.

쾨펜의 기후 구분 지도_ 온대 기후(C)

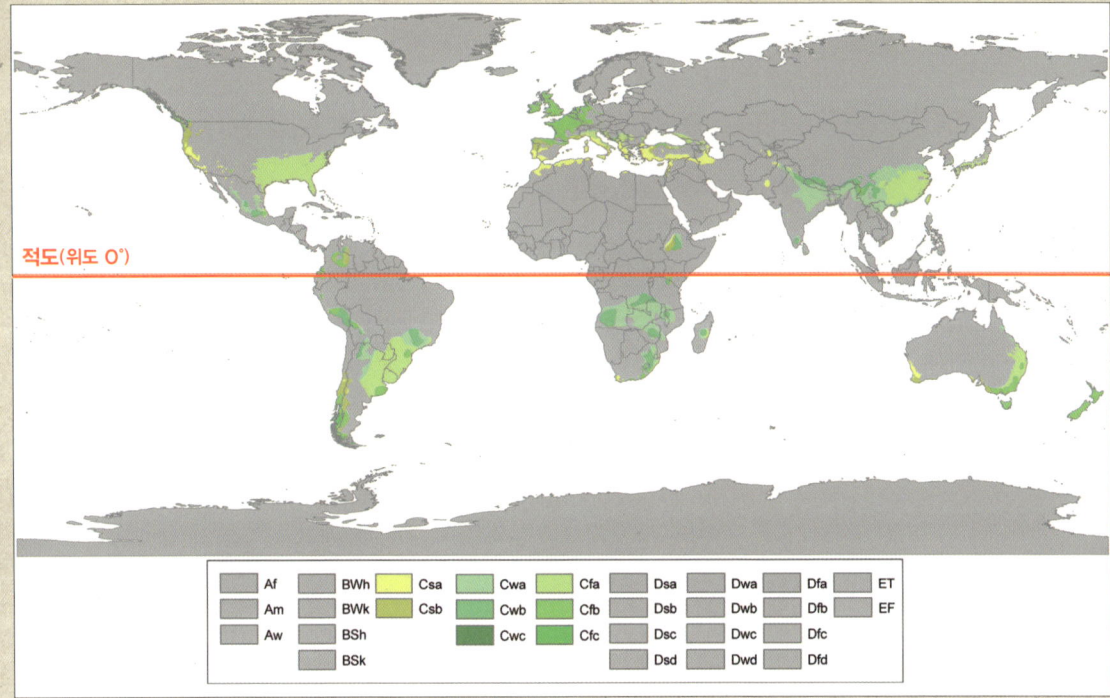

기본 기후대	세부 기후대	표기	특징
C 온대 기후	온난 습윤 기후	Cfa	더운 여름, 건조기 없음
	서안 해양성 기후	Cfb	1년 내내 온난, 건조기 없음, 따뜻한 여름
		Cfc	1년 내내 서늘, 건조기 없음, 선선한 여름 온대 하우 기후
		Cwa	더운 여름, 짧은 겨울 건조기
		Cwb	따뜻한 여름, 짧은 겨울 건조기
		Cwc	선선한 여름, 짧은 겨울 건조기
	지중해성 기후	Csa	건조하고 더운 여름
		Csb	건조하고 따뜻한 여름
		Csc	건조하고 선선한 여름

온대 기후 지역 분포도
한국 일부, 중국 일부 등의 동아시아, 서유럽 · 미국 · 캐나다 · 브라질 · 칠레 · 인도 · 오스트레일리아의 일부, 지중해 연안 등

수염왕의 기후 노트

온대 기후는 여름은 덥고 습하고, 겨울은 춥고 건조하다.
온대 기후는 봄, 여름, 가을, 겨울의 사계절이 뚜렷하다.
온대 기후는 기온이 온화하고 강수량도 적당해서 사람이 살기 좋은 기후이다.
(꼬불꼬불나라도 살기 좋은 온대 기후 지역이지. 그런데 왜 뉴욕, 런던처럼 큰 도시가 없을까?)

부록

이것만 알아도 기후 용어 끝

- 기온: 땅바닥부터 사람의 키 높이(0~1.5m)까지의 공기 온도예요. 사람이 숨 쉬는 높이의 공기 온도를 말하지요. 기온은 태양의 영향을 받아서 계속 변해요. 태양이 높이 떠 있는 낮에는 기온이 높고, 태양이 졌다가 다시 뜨기 전인 밤중에는 기온이 낮아요.

- 바람: 공기가 움직이는 것이에요. 바람이 어떤 방향으로 움직이는지를 풍향, 바람이 얼마나 빠르게 움직이는지를 나타내는 것이 풍속이에요.

- 일교차: 하루 동안 가장 높은 기온과 가장 낮은 기온의 차이를 말해요. 가장 높은 기온이 영상 10℃이고 가장 낮은 기온이 0℃이면, 일교차는 10-0=10, 10°가 되지요.

- 구름: 하늘에 떠 있는 물방울이나 작은 얼음 입자가 모여 있는 것이에요.

강수량은 일정한 기간에 내린 물을 모두 합친 양
이슬, 서리, 안개, 비, 우박, 눈 등

- 강수량: 어떤 곳에, 일정한 시간 동안 내린 물(비, 눈, 우박, 안개, 서리 등)을 모두 합친 양이에요. 강수량 중에서 비가 내린 양만 따로 합친 것을 강우량이라고 해요.

- 증발량: 어떤 곳에서, 일정한 시간 동안 공기 중으로 증발한 물의 양을 말해요.

- 날씨: 일정한 장소에서 보이는 기온, 바람, 강수량 등이 어떤지를 말해요. '오늘의 날씨, 내일의 날씨'처럼 하루 단위의 기상 상태를 표현하는 경우가 많아서, 일기(日氣)라고도 해요.

- 기후: 한 지역에 여러 해 동안 나타나는 날씨의 특징이에요. 날씨와 비슷하지만, 날씨는 짧은 시간 동안의 대기의 상태를 말하고, 기후는 보통 1년 동안, 그 지역에 반복되는 날씨를 말해요.

- 경도: 지구의 남쪽 끝과 북쪽 끝을 세로로 연결한 선을 '경선'이라고 해요. 영국 런던의 그리니치천문대를 기준(0°)로 놓고 동쪽 혹은 서쪽으로 얼마나 멀리 떨어져 있는지를 나타내요.

- 적도: 지구의 남쪽 끝과 북쪽 끝을 한 줄로 이은 경선의 한가운데를 찾아서 가로로 연결한 선을 말해요. 그래서 적도와 남극, 적도와 북극의 거리는 같지요. 적도의 남쪽 지구를 남반구, 북쪽을 북반구라고 해요.

- 위도: 적도를 기준으로 북쪽 또는 남쪽으로 떨어져 있는 정도를 말해요. 위치를 표현할 때 위도와 경도로 표시해요.

- 해발고도: 바닷물의 평균 높이를 0으로 놓고, 그 위의 높이를 잰 것이에요.

- 지형: 땅의 높이나 생긴 모양이에요. 땅속에서 서로 밀거나 잡아당기는 힘에 의해 땅의 모양이 바뀌어요. 또 바람이나 물이 땅의 모양을

경도: 지구를 세로로 자른 선

세로로 잘라지는 귤은 경도와 비슷하게 생겼다.

깎는 것도 지형을 변화시키지요.

- 식생: 땅에서 자라는 모든 식물이에요. 기후와 지형, 흙의 상태에 따라, 자랄 수 있는 식생이 달라져요.

- 열대 기후(A): 가장 추운 달의 평균기온이 18℃보다 높은 지역의 기후예요. 열대 기후는, 1년 내내 덥고 비가 많이 오는 열대 우림 기후, 비가 오는 시기(우기)와 오지 않는 시기(건기)가 뚜렷하게 나뉘는 사바나 기후, 계절에 따라 방향이 달라지는 바람(계절풍)의 영향을 받는 열대 몬순 기후로 나뉘어요.

- 건조 기후(B): 강수량보다 증발량이 더 많아서, 물이 부족해요. 그

래서 풀과 나무가 자라기 힘든 기후예요. 건조 기후는 연 강수량이 250㎜보다 적은 사막 기후와 연 강수량이 250~500㎜ 정도인 스텝 기후(온대 초원)로 나뉘어요.

• 온대 기후(C): 가장 추운 달의 평균기온이 영하 3℃~영상 18℃인 기후예요. 적도와 극지방의 중간 위도에 있어요. 기온의 변화가 커서 계절의 변화가 뚜렷해요.

• 냉대 기후(D): 가장 따뜻한 달의 평균 기온 10℃보다 높고, 가장 추운 달의 평균기온은 영하 3℃보다 낮은 지역이에요. 온대 기후와 한대 기후 사이에 있는데, 북반구에만 있어요.

• 한대 기후(E): 가장 따뜻한 달의 평균 기온이 10℃보다 낮은 곳이에요. 1년 내내 얼음에 덮여 있는 빙설 기후와 이끼 등이 자라는 툰드라 기후로 나뉘어요.

• 고산 기후(H): 히말라야, 알프스, 안데스, 로키 산맥 등의 높은 산지에서 나타나는 기후예요. 높을수록 기운이 내려가기 때문에 높이에 따라 자라는 식생도 달라져요.

풀빛미디어 스테디셀러 도서목록

소녀성장백과 4
율리의 바이올린 글 김효 | 표지 클로이

144쪽 / 10,000원
ISBN 978-89-6734-080-3

● 서울시 교육청 어린이도서관 여름방학 진로독서 권장도서 ● 소년한국일보 추천도서 ● 월간 소년 이달의 책

꿈의 출발선이 같기를 소망하며! 공교육은 평등한 교육 기회를 바탕으로 합니다. 하지만 분야에 따라 교육 비용은 차이가 있습니다. 이 책은 각자 다른 꿈의 거리를 줄이기 위해 우리가 공동으로 어떤 노력을 하고 제도를 갖춰야 하는지 생각하게 하는 창작동화입니다.

소녀성장백과 6
차라리 당나귀와 토론할래 글 고민실 | 표지 초록담쟁이

127쪽 / 10,500원
ISBN 978-89-6734-018-6

● 한국일보 추천도서 ● 2017 전국학교도서관사서협회 추천도서

현직 토론 강사인 저자가 싸움이 아닌 토론으로 이견을 조율하는 과정을 보여주는 창작동화. 유나가 속한 2모둠은 토론 대회에 나가면 망신만 당할 게 분명합니다. 하지만 2모둠은 우여곡절 끝에 반 대표로 뽑혀 전교 토론 대회에 나가게 됩니다. 하지만 기쁨도 잠시! 전교 토론 대회를 1주일 남겨두고 담임선생님은 2모둠의 토론 주제를 바꾸는 게 좋겠다고 합니다.

소녀성장백과 7
나는 떨리는 별 글 오유경 | 표지 클로이

168쪽 / 11,500원
ISBN 978-89-6734-032-2

● 충북일보 추천도서 ● 월간 작은 책 추천도서 ● 2017 전국학교도서관사서협회 추천도서 ● 2017 아침독서 추천도서

소희는 친구들 앞에서 말하기가 너무 어렵습니다. 조용한 소희는 이야기를 적는 노트만 있으면 혼자 방 안에 있어도 즐겁습니다. 자기표현을 중요시하는 시대에서 우리는 과연 표현의 다양성을 인정하고 있을까요? 이 작품은, 친구가 나름의 방식대로 이야기할 때 귀 기울여 기다려주는 것 또한 필요하다는 점을 이야기합니다.

초등 사회 교과의 학습 개념을 재미있는 이야기로 설명한 에듀텔링 시리즈

에듀텔링 001

꼬불꼬불나라의 정치이야기

글 서해경, 이소영 | 그림 정우열

192쪽 / 10,000원
ISBN 978-89-88135-75-4

●서울시교육청 추천도서 ●참여연대 공동대표 이석태 추천 ●서울대 정치외교학부 교수 박찬욱 추천 ●한우리 추천도서 ●경향신문 추천도서 ●한겨레신문 추천도서

욕심쟁이 수염왕은 시민 속에 섞여 민주주의 개념들이 탄생하게 된 배경을 몸소 겪습니다. 수염왕은 하얀머리 박사를 질투해 이것저것 사건을 일으킵니다. 수염왕의 고생담을 따라가다 보면 막연히 어렵게 느낄 수 있는 삼권분립, 대의민주주의제도 등 다양한 민주주의 개념을 즐겁게 배울 수 있습니다.

에듀텔링 002

꼬불꼬불나라의 경제이야기 글 서해경 | 그림 정우열

172쪽 / 11,000원
ISBN 978-89-88135-76-1

●고려대학교 경영대학 교수 장하성 추천 ●삼성경제연구소(SERI) 고문 이원덕 추천 ●어린이경제신문 추천도서 ●경향신문 추천도서 ●한겨레신문 추천도서 ●예스24 눈에띄는새책 ●우등생논술 추천도서

경제는 어릴 적부터 일상생활에서 배울 수 있습니다. 처음 장사를 시작한 수염왕의 이야기로 경제가 무엇인지 알려주고, 국가 간의 경제 전반에 대한 개념을 어린이에게 쉽고 재미있게 설명해줍니다.

에듀텔링 003

꼬불꼬불나라의 인권이야기 글 서해경 | 그림 정우열

164쪽 / 12,000원
ISBN 978-89-6734-020-9

●복지TV 방영 ●푸른시민연대 대표 문종석 추천 ●네이버 매거진 오늘의 책 ●소년한국일보 추천도서 ●동아일보 추천도서

이기적이지만 순수한 주인공 '수염왕'이 무지개 복지관에서 겪는 다양한 사건을 통해 어린이가 알아야 할 인권을 여러 각도에서 설명하는 사회과학 교양서입니다. 장애가 있는 친구, 다문화 가정의 친구, 좋은 성적을 강요받는 청소년, 버림받은 어르신 등 우리가 관심을 가져야 할 소수자의 삶을 보여줍니다.

에듀텔링 004

꼬불꼬불나라의 환경이야기 글 이소영 | 그림 정우열

172쪽 / 12,000원
ISBN 978-89-6734-008-7

●환경운동연합 공동대표 지영선 추천 ●행복한아침독서 추천도서 ●부산일보 추천 ●예스24 추천 ●인터파크 화제의 신간

복잡한 환경문제를 쉽고 재미나게 풀이한 놀라운 책입니다. 꼬불꼬불나라의 수염왕의 이야기를 재미나게 읽는 동안, 현대 시민이라면 반드시 갖춰야 할 건강한 환경 의식을 고루 갖출 수 있습니다. 지구온난화의 원인, 유전자 조작 식품, 열대우림의 중요성, 신재생 에너지 같은 어려운 문제를 아주 재미나게 알려 줍니다.

에듀텔링 005

꼬불꼬불나라의 지리이야기 글 서해경 | 그림 정우열

172쪽 / 12,000원
ISBN 978-89-6734-009-4

● 한국출판문화산업진흥원 2015년 청소년 권장도서 ● 한우리 추천도서 ● 소년한국일보 ● 어린이동아 추천도서

수염왕과 물길을 따라 여행하면 초등 지리 끝! 지리 개념에 스토리텔링을 접목하여 주인공인 수염왕과 함께 여행하면 인류의 터전인 자연을 이해하고, 인간이 생존을 위해 만든 환경을 들여다볼 수 있습니다. 새로 바뀐 초등 사회 교과서를 세밀하게 분석하여 알차게 담았습니다.

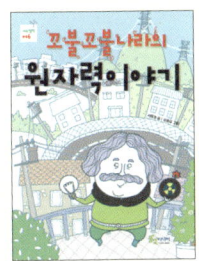

에듀텔링 006

꼬불꼬불나라의 원자력이야기
글 서해경 | 그림 김용길

179쪽 / 12,000원
ISBN 978-89-6734-078-0

● 녹색당 공동정책위원장 이유진 추천 ● 월간 소년 추천 ● 한국미래환경협회 2015 우수환경도서 선정 ● 풀꽃평화연구소 추천도서

꼬불꼬불면에 방사성 물질이 들어갔다는 누명을 쓴 수염왕의 고생담을 따라가다 보면 원자력의 원리, 님비현상, 대체에너지 등 초등학생이 알아야 할 주요 교과 내용을 쉽게 배울 수 있습니다. 초등학교, 중학교에 걸쳐 과학, 환경, 경제, 사회 교과의 중요 개념인 원자력발전을 재미있는 이야기로 실었습니다.

에듀텔링 007

꼬불꼬불나라의 언론이야기 글 이소영 | 그림 김용길

156쪽 / 12,000원
ISBN 978-89-6734-084-1

● 한국일보 추천도서 ● 광주일보 추천도서 ● 우등생논술 추천도서

언론이 잘못된 정보를 주면 잘못된 여론이 생겨요! 중요한 언론, 재미있는 이야기로 배웁니다. 수염왕은 하얀머리 큰대표(대통령)처럼 신문에 많이 나오고 싶었습니다. 그래서 자신의 칭찬을 많이 적어서 신문사에 가지요. 강보도 기자와 친해진, 수염왕. 강기자는 수염왕의 기사를 많이 내줬을까요?

이상한 지구 여행 001

어린이에게 일을 시키는 건 반칙이에요

글 장성익 | 그림 송하완

212쪽 / 11,000원
ISBN 978-89-88135-96-9

● 2012년 한국출판문화산업진흥원 선정 12월의 '이달의읽을만한책' ● 문화체육관광부 한국출판문화진흥원 교보문고 공동기획 북토크 추천책 초등 고학년

초등학생 사회과학 입문서인 이 책은 세계 곳곳에서 일어나는 어린이 노동을 여러 학문의 기반 위에서 통합적으로 살펴봅니다. 이로써 어린이가 원인과 결과의 상관관계를 논리적으로 이해하고, 다양한 학문이 주는 시너지를 몸소 체험할 수 있습니다.

이상한 지구 여행 002
왜 너희만 먹는 거야
글 장성익 | 그림 송하완

220쪽 / 12,000원
ISBN 978-89-88135-97-6

● 2013 문화체육관광부 우수교양도서 선정　● 2014 청소년 북스타트 선정도서　● 한국출판문화진흥원 선정 초등고학년 추천책　● 서울시립어린이도서관 여름방학 권장도서　● 행복한아침독서 추천도서

소중한 가치를 지닌 먹거리가 오늘날 위기에 빠졌습니다. 그리고 우리 식탁에 오르는 유전자조작먹거리는 안전할까요? 우리가 음식을 신중하게 가려 먹으면, 깨끗한 환경, 굶주리지 않는 사람, 더 안전한 먹거리 세상을 만들 수 있습니다.

이상한 지구 여행 003
누가 행복한지 보세요
글 장성익 | 그림 송하완

224쪽 / 12,000원
ISBN 978-89-6734-031-5

● 부산일보 추천도서　● 우등생논술 추천도서　● 독서신문 추천도서　● 알라딘 전문가가 선택한 6월의 어린이 책

세계를 둘러보면 새로운 상상력을 발휘해 멋진 도시를 만들어가는 시민들이 있습니다. 이들은 정부나 남이 해주는 것을 기다리는 게 아니라 스스로 힘과 지혜를 모아 자신들이 사는 곳을 더 행복하게 바꾸어 나갑니다. 〈이상한 지구 여행〉시리즈는 시야를 넓히고, 논리력을 키우는 인문교양 필독서입니다.

이상한 지구 여행 004
혼자라서 지는 거야
글 장성익 | 그림 송하완

204쪽 / 12,000원
ISBN 978-89-6734-010-0

● 2015 세종도서 교양부문 선정　● 행복한아침독서 추천도서　● 내일신문 추천도서　● 한라일보 추천도서

시장경제가 한계를 드러내고, 걷잡을 수 없이 양극화로 치닫는 암울한 흐름 속에서 '협동조합'은 건강한 대안으로 맹렬히 떠오르고 있습니다. 이 책은 학생의 눈높이에 맞춰 〈협동조합〉의 중요성과 필요성을 쉽고도 일목요연하게 설명한 책입니다.

이상한 지구 여행 005
과학이 해결해주지 않아
글 장성익 | 그림 송하완

220쪽 / 13,000원
ISBN 978-89-6734-083-4

● 한국과학창의재단 우수과학도서 선정　● 동아일보 추천도서　● 연합뉴스 추천도서　● 전국 청소년 토론축제 선정도서　● 세계일보 추천도서　● 소년한국일보 추천도서

요람에서 무덤까지 과학기술이 인생의 모습을 바꿨습니다. 이 책에서는 과학기술을 더욱 깊이 이해하는 것은 물론, '균형 잡힌 시각'으로 이 세상과 우리 삶을 한층 높은 수준으로 이해하는 데 도움이 될 것입니다.

그래요 책이 좋아요 01

엄마라고 불러도 될까요

106쪽 / 12,000원
ISBN 978-89-6734-014-8

글 패트리샤 매클라클랜 | 그림 천유주 / 번역 김은영

●뉴베리상 수상 ●미국 학교도서관저널 최고의 책 ●뉴욕타임즈 올해의 아동도서 ●영국 도서관 협회 최우수도서 수상 ●미국 의회도서관 아동서 부문 최고의 책 수상 ●제퍼슨 컵 수상 ●미국 의회 도서관 아동서 부문 최고의 책 수상 ●제퍼슨 컵 수상

수많은 상을 휩쓸고 고전으로 자리 잡은 동화! 1900년대 중반 미국 북동부, 드넓은 벌판 외딴집에서 애나는 아버지와 동생과 함께 엄마 없이 외롭게 살고 있습니다. 그러던 어느 날 바다 내음과 함께 새러 아줌마가 찾아옵니다. 1인칭 관찰자 시점을 배울 수 있는 유익한 동화

그래요 책이 좋아요 02

책이 있는 나무

128쪽 / 11,500원
ISBN 978-89-6734-079-7

글 비센테 무뇨스 푸에예스 | 그림 아돌포 세라 / 번역 김정하

●스페인 아나야 아동청소년 문학상 수상작 ●한국일보 추천도서 ●우등생논술 추천도서 ●배워서남주자 추천도서 ●2016 아이스크림 추천도서 ●2017 북토큰 추천도서 ●2017 북토큰 추천도서

자식에게 독서의 기쁨을 선물하고 싶었던 부모. 책이 나오는 신기한 오두막을 발견한 아이들은 여름 내내 고전을 읽는 재미에 푹 빠지게 됩니다. 훗날 버지니아는 책을 읽지 않았다면 그들의 삶이 지금과 달랐을 거라고 회상합니다

과학 추리 시리즈1 꼬마 탐정 차례로

빛의 산을 찾아라 글 서해경 | 그림 최선혜

100쪽 / 11,500원
ISBN 978-89-6734-088-9

●한라일보 추천도서

게으른 문화재 박사 나제일과 꼬마 탐정 차례로가 해결한 첫 사건! 차례로처럼 간단한 과학 원리만 안다면 누구나 탐정이 될 수 있어요! 차례로와 나제일 박사, 두 사람은 제주도에서 열릴 '세계 문화재 전시회'에 초대받았습니다. 그런데 전시하려고 영국에서 가져온 세상에서 제일 큰 다이아몬드 '빛의 산(코이누르)'이 사라졌습니다!

과학 추리 시리즈2 꼬마 탐정 차례로

다니크와 고흐의 방 글 김용준 | 그림 최선혜

124쪽 / 12,000원
ISBN 978-89-6734-041-4

●2017 전국학교도서관사서협회 추천도서 ●어린이책사랑모임 추천도서 ●한국출판문화산업진흥원 2017 텍스트형 전자책 제작 지원 선정작

차례로와 나제일 박사는 첫 번째 〈고흐의 방〉이 사라졌다는 뉴스에 깜짝 놀랍니다. 그때 한국어는 반말밖에 할 줄 모르는 네덜란드 소녀 다니크가 찾아옵니다. 다니크는 돌아가신 부모님이 남겨준 세 번째 〈고흐의 방〉을 도둑맞을까 봐 안절부절못합니다. 차례로는 다니크의 명화를 지켜줄 수 있을까요?

조금 이른 사춘기 1
칠판만 보이는 안경 글 박부금, 이애경 | 그림 양은아

128쪽 / 10,000원
ISBN 978-89-88135-78-5

● 서울시교육청 추천도서 ● KBS 제2라디오 〈생방송 일요일〉 소개 ● 부산시교육청 추천도서 ● 경향신문 추천도서 ● YES24 MD추천도서 ● 아시아투데이 추천도서

우와, 집중해서 공부하니까 놀 시간이 더 많아졌어! 현장에서 직접 어린이의 고민을 듣는 두 선생님이 책을 펴냈습니다. 어린이의 공부 고민을 해결할 집중력 연습은 어떻게 하는 걸까요? 진이의 마법으로 공부에 대한 즐거움을 느껴보세요.

조금 이른 사춘기 2
친구 자판기 글 이애경, 박부금 | 그림 양은아

140쪽 / 11,000원
ISBN 978-89-6734-007-0

● 연합뉴스 추천도서 ● 가톨릭대학교 학생생활상담소 실장 이지은 추천 ● 한얼초등학교 교사 박선양 추천

친구 사귀기로 받는 스트레스 이제 그만! 어린이 심리상담 전문가 이애경, 박부금 선생님이 쓴 동화입니다. 많은 학생이 교우관계로 스트레스를 받습니다. 내가 원하는 친구를 구체적으로 생각하면, 다른 친구에게 어떻게 다가가야 할지 알게 됩니다. 친구 사귀기 두려워 말고, 설렘으로 다가가 보세요.

조금 이른 사춘기 3
내 마음은 롤러코스터 글 이애경, 박부금 | 그림 최선혜

148쪽 / 11,000원
ISBN 978-89-6734-028-5

● 충남 WEE 스쿨, 임상심리전문가 송민정 추천 ● 의정부초등학교 교사 조은혜 추천 ● 알라딘 화제의 신간 ● 분당도서관 권장도서

사춘기를 겪는 학생의 마음속 짐을 덜어주려는 책입니다. 타인에게 자신의 기분을 잘 표현하고, 그에 앞서 자신의 내면을 들여다보는 시간의 중요성을 초등학생의 일상에서 공감되게 풀어냈습니다.

조금 이른 사춘기 4
내 외모가 어때서 글 박부금 | 그림 김수경

148쪽 / 11,000원
ISBN 978-89-6734-047-6

● 2016 아이스크림 추천도서 ● 알라딘 추천마법사의 선택 ● 가톨릭대학교 학생생활지도연구소 전임상담원 윤하영 추천 ● 와부초등학교 교사 권혜민 추천

외모에 관한 올바른 시각을 심어주는 쓴 창작동화입니다. 청소년기 학생은 외모가 자존감과 또래 관계 형성에 큰 영향을 미칩니다. 특히 자신의 외모에 만족하지 못하면 낮은 자존감을 형성하고, 자신이 잘하는 것에 관심을 두지 않고 외모에 집착하는 경향이 있습니다. 이 책은 외모보다 자신의 강점에 집중해야 함을 알려줍니다.